AF308438

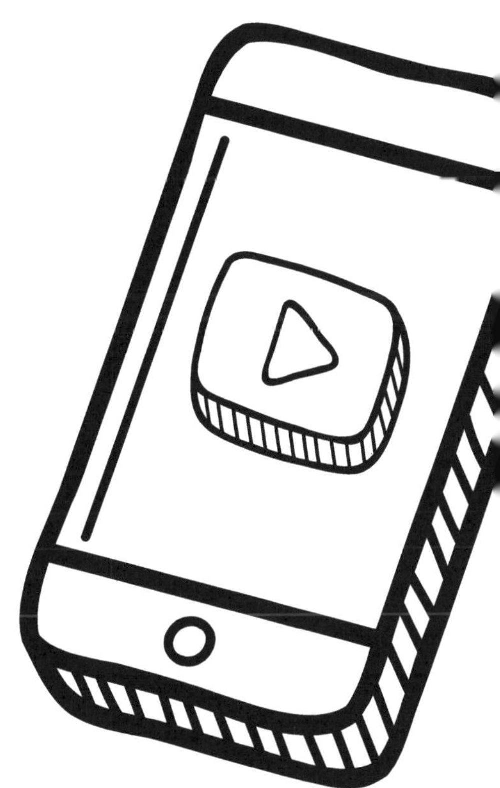

INHALT

WARUM ÜBERHAUPT KURZVIDEOS? 11

MEIN WEG ZU KURZVIDEOS 17

RESSOURCENSEITE 22

TEIL 1 – GRUNDLAGEN FÜR DEN ERFOLGREICHEN EINSATZ VON KURZVIDEOS 25

CONTENTSTRATEGIE UND -PLANUNG 26

Die Einsatzzwecke von Kurzvideos 27

Die Ziele und Kennzahlen 30

Die Zielgruppe 35

Die Kanäle 37

Instagram 38

TikTok 38

Facebook 41

YouTube 42

LinkedIn 42

XING 43

X (vormals Twitter) 43

Pinterest 44

WhatsApp 45

Die Art der Inhalte 48

Serien, Serien, Serien 50

Die Verwendung von Videos 52

Die Ressourcen 55

Die zeitlichen Ressourcen 55

Die Arbeitsaufteilung 56

Der Redaktionsplan 57

SOCIAL MEDIA

Marketing

Mit Reels und Kurzvideos zu maximaler Reichweite

ROMAN KMENTA

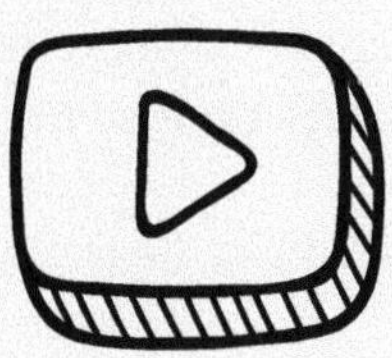

DAS Content-Marketing-Ideen-Buch

für Ihre Videos auf Facebook, Instagram, YouTube und TikTok

IMPRESSUM

© 2023 Roman Kmenta, Forstnergasse 1, A-2540 Bad Vöslau – www.romankmenta.com

1. Auflage 10/2023

Umschlag & Layout: sternloscreative e.U.

Coverfoto: Freepik Premium Lizenz

Illustration: VoV media, Freepik Premium Lizenz

Lektorat/Korrektorat: VoV media

Bildrecht: Roman Kmenta, Andrea Sojka, Freepik Premium Lizenz

Verlag: VoV media – www.voice-of-value.com

Das Werk, einschließlich seiner Teile, ist urheberrechtlich geschützt. Jede Verwertung ist ohne Zustimmung des Verlages und des Autors unzulässig. Dies gilt insbesondere für die elektronische oder sonstige Vervielfältigung, Übersetzung, Verbreitung und öffentliche Zugänglichmachung über analoge sowie digitale Medien und Kanäle. Die Publikation und Verbreitung erfolgen im Auftrag des Autors, zu erreichen unter: tredition GmbH, Abteilung „Impressumservice", An der Strusbek 10, 22926 Ahrensburg, Deutschland.

Die Inhalte dieses Buches wurden mit größter Sorgfalt erstellt. Für die Richtigkeit, Vollständigkeit und Aktualität der Inhalte können wir jedoch keine Gewähr übernehmen. Dieses Buch enthält Links zu externen Webseiten Dritter, auf deren Inhalte wir keinen Einfluss haben. Deshalb können wir für diese fremden Inhalte auch keine Gewähr übernehmen. Für die Inhalte der verlinkten Seiten ist stets der jeweilige Betreiber oder Anbieter der betreffenden Seiten verantwortlich. Zum Zeitpunkt der Publikation dieses Buches lagen uns – nach Prüfung dieser Webseiten – keine Hinweise auf Rechtsverstöße vor. Sollten solche zu einem späteren Zeitpunkt bekannt werden, werden wir die Links so rasch wie möglich entfernen.

Bei der Wiedergabe von Gebrauchsnamen, Handelsnamen, Warenbezeichnungen und eingetragenen Marken wurde – im Sinne der leichteren Lesbarkeit – auf die Markenzeichen verzichtet.

DIE VIDEOPRODUKTION   **59**

Technik   59

Der inhaltliche Aufbau   60

Die Idee   62

Die Planung   62

Das Skript   63

Die Aufnahme   66

Das Nachbearbeiten   68

Das Posten   71

Musik   *73*

Caption / Begleittexte   *74*

ERFOLGSFAKTOREN FÜR KURZVIDEOS   **75**

TEIL 2 – IDEEN, KONZEPTE, BEISPIELE   **83**

GRUNDLEGENDE FORMATE FÜR KURZVIDEOS   **86**

1. Monologe   87

2. Die Kunstfigur   88

Sonderformen, Avatare und KI kreierte Persönlichkeiten   *89*

3. Wechselnde Personen im Bild   91

4. Dialoge   93

Dialoge mit unsichtbaren Zweiten   *94*

5. Interviews   95

6. Der unsichtbare Sprecher   96

7. Stumme Videos   98

8. Musikalische Choreografien   99

Die entschärfte Form   *100*

9. Kommentare und Zusammenschnitte   101

10. Stitches, Duette und Remixe   102

11. Doubles   105

DER RAHMEN   108

Ton und Musik   108

Perfekt oder unperfekt   109

Grafische Elemente   110

Untertitel   110

Tempo   110

Räume und Hintergründe   112

Gegenstände und Utensilien   113

**THEMEN UND INHALTLICHE IDEEN –
VORBEREITUNG UND SAMMLUNG**   115

Achtung – Vorbereitung nötig   117

Recherche   120

Vom „guten" Kopieren   121

SAMMLUNG VON THEMEN UND IDEEN   122

1. Expertentipps, Tricks & Hacks   122

Tricks & Hacks   *123*

2. Hobbies   125

3. Reisen   127

4. Sehenswertes in der Gegend   128

5. Gebäude   130

6. Aktuelle Themen   132

7. Zeitlose Themen   135

8. Wiederkehrende Anlässe   139

9. How To Videos   141

10. V-LOG Tagebuch   143

11. Parodien   145

12. Vorher / nachher   147

13. Mythen   149

14. Produktrezensionen   152

15. Mitarbeiter vorstellen   156

16. Testimonials   157

17. Umfragen — 159

18. Erstaunliche Fakten / Fun Facts — 163

19. Produkte und Dienstleistungen — 168

20. Umfragen, Studien, Statistiken — 170

21. Ausschnitte aus längeren Videos — 172

22. Experimente — 174

23. Schlechte Beispiele und Fehler — 179

24. Fragen aus der Community — 181

25. Tiere — 183

26. Sprachen und Dialekte — 185

27. Fachbgeriffe — 188

28. Geschichten in Kurzform — 190

HOOKS — 193

Kriterien, die ein Hook erfüllen sollte — 193

4 Schritte zum perfekten Hook — 194

15 Formeln für exzellente Hooks — 195

Kategorie 1 – Fragen — *196*

Kategorie 2 – Zahlen — *200*

Kategorie 3 – „Wie du …" — *202*

Kategorie 4 – „So …" — *204*

Kategorie 5 – „Grund warum …" — *205*

Kategorie 6 – Befehle und Aufforderungen — *206*

Kategorie 7 – Meinungen, Aussagen und Zitate — *207*

Kategorie 8 – Produkte und Dinge — *209*

Kategorie 9 – Geheimnisse — *210*

Kategorie 10 – „Der schnelle Weg um …" — *211*

Kategorie 11 – „Was du unbedingt wissen solltest" — *212*

Kategorie 12 – Verlust, Fehler und Irrtümer — *213*

Kategorie 13 – „Dafür würde ich …" — *214*

Kategorie 14 – „Wenn … dann" — *216*

Kategorie 15 – „Wenn ich doch …" — *217*

CALL-TO-ACTION (CTA) — 220

Video liken — 220

Video kommentieren — 221

Video teilen — 221

Profil / Seite besuchen — 222

Kanal abonnieren — 223

Person taggen — 223

Auf externen Link klicken — 224

Nach Ideen und Themen fragen — 225

Ungewöhnliche Calls-to-Action — 226

DIE NÄCHSTEN SCHRITTE — 227

ÜBER DEN AUTOR — 229

BEGRIFFSERKLÄRUNG / GLOSSAR — 231

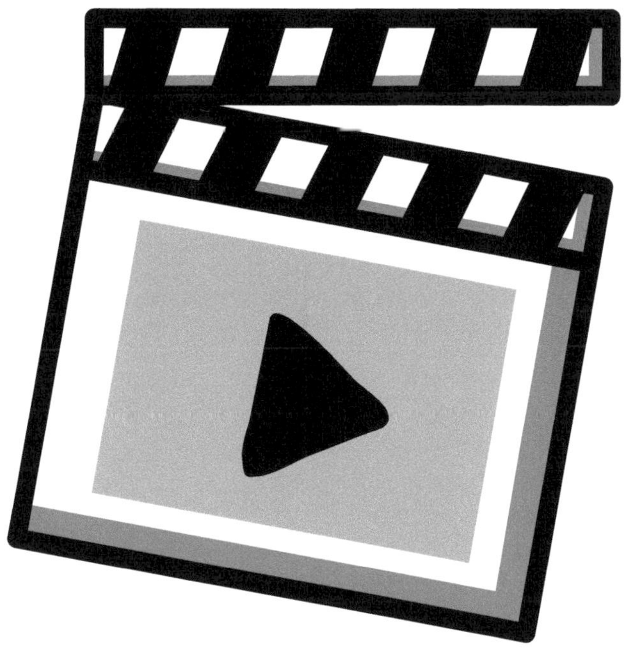

WARUM ÜBERHAUPT KURZVIDEOS?

„Warum ergibt es Sinn, ein eigenes Buch nur über Kurzvideos auf Social Media zu schreiben?" oder vielleicht noch wichtiger: *„Warum sollten Sie es lesen?"* Und wenn ich in diesem Buch von Kurzvideos spreche, dann meine ich genauer gesagt solche mit typischerweise 30 - 60 Sekunden Länge, die das Hochformat nutzen. Sie kennen sie – je nach Kanal – unter den Begriffen wie Reels, Shorts, Stories und Ähnlichen. Um die Frage nach dem Warum zu beantworten, habe ich ein paar handfeste Gründe für Sie gesammelt:

Grund #1 – Kurzvideos sind DER Social-Media-Trend

Das Thema Kurzvideos ist eines, das sich in den letzten zwei Jahren etwa zu einem der stärksten Trends in den sozialen Medien entwickelt hat. Möglicherweise war das gewaltige und rasante Wachstum von TikTok – sofern es nicht der Auslöser war – zumindest der Turboantrieb bezüglich der Zunahme des Kurzvideoformates. Oder auch umgekehrt gedacht: Vielleicht hat die ausschließliche Konzentration von TikTok auf Kurzvideos zum rasanten Wachstum dieser Social-Media-Plattform in den letzten Jahren geführt. Wer weiß das schon so genau?

Grund #2 – Kurzvideos sind auf allen wichtigen Kanälen

Inzwischen findet man Kurzvideos auf fast allen wichtigen Social-Media-Kanälen wie Facebook, Instagram, YouTube und TikTok. Auch auf anderen Kanälen, wie zum Beispiel LinkedIn oder XING sind sie anzutreffen, haben dort aber (noch) nicht die große Bedeutung. Nicht nur, dass Kurzvideos allgegenwärtig sind, es sind auch jene Posts, mit denen man fast überall aktuell die größten Reichweiten erzielt. Auf manchen Kanälen sind Kurzvideos quasi die einzigen Formate, mit denen man aktuell überhaupt Reichweiten erzielt (von bezahlter Werbung abgesehen).

Grund #3 – Es geht nicht mehr ohne Kurzvideos

Das bedeutet, dass Sie dort entweder mit Ihren Kurzvideos vertreten sind und gesehen werden oder kaum bis gar nicht gesehen werden. Kurzvideos sind also zurzeit keine optionale Beimischung zu Ihrem Redaktionsplan, sondern ein Must-have.

Ohne geht es so gut wie nicht, wenn Sie von mehr als einer Handvoll Menschen wahrgenommen werden wollen – wohlgemerkt, ohne dafür zu bezahlen.

Grund #4 – Noch gehören Sie zu den Ersten

Es gibt Branchen, da tummeln sich schon relativ viele Anbieter mit ihren Kurzvideos. Das sind aber meist nur diejenigen Branchen, die traditionell immer ganz vorne mit dabei sind, wenn es um neue Trends im Social-Media-Bereich geht. Coaches, Berater und Trainer, oft in den Bereichen Marketing, Verkauf und Persönlichkeitsentwicklung, sind in dieser Gruppe öfter zu finden. Doch selbst da stelle ich fest, dass noch lange nicht alle intensiv auf Kurzvideos gesetzt haben.

In den meisten anderen Branchen, die den größten Teil der Wirtschaft ausmachen, finden sich noch sehr selten Anbieter, die bereits viel mit Kurzvideos machen. Viele sind noch immer am Überlegen, ob sie überhaupt auf Facebook, Instagram oder geschweige denn auf TikTok sein sollten oder gar müssen. Sie haben jetzt also noch viel Platz auf den diversen Plattformen, der darauf wartet, von Ihren Videos besetzt zu werden.

Sie sehen, es gibt genug Gründe für mich, dieses Buch zu schreiben und für Sie – so hoffe ich – dieses Buch zu lesen und vor allem dann auch meine Ratschläge umzusetzen. Und wenn Sie darüber nachdenken, werden Sie vermutlich auch noch den ein oder anderen sehr individuellen, persönlichen Grund finden, der für Sie ausschlaggebend ist, sich mit diesem Thema zu beschäftigen.

Ziel des Buches

Das Ziel dieses Buches ist es, die Frage, die sich alle, die auf Social Media wirklich aktiv sind und ihre Kanäle professionell betreiben, immer wieder stellen „Was soll ich bloß für Videos posten?", ausführlich zu beantworten und Ihnen jede Menge Strategien, Formate, Konzepte und konkrete Ideen an die Hand zu geben, um Ihre Social-Media-Kanäle zu füllen.

Genauer gesagt finden Sie in diesem Buch:

- Die 11 grundlegenden Formate für Kurzvideos,
- 28 Konzepte bzw. Themen, mit denen Sie Ideen für Videos kreieren können und
- Hunderte konkrete Ideen für Dutzende Branchen und Berufe sowie
- 15 Formeln, mit denen Sie Ihre Hooks ganz einfach und rasch erstellen,
- 179 Beispiele für damit formulierte Hooks,
- 9 Call-to-Action-Strategien mit
- 49 1:1 verwendbare Calls-to-Action.

Das bedeutet, egal was Sie beruflich tun, was Sie verkaufen und womit Sie Ihre Social-Media-Kanäle befüllen wollen, Sie werden in diesem Buch sicher fündig werden.

Ideengarantie

Sollte das nicht der Fall sein – was ich für (fast) ausgeschlossen halte, dann senden Sie eine E-Mail an service@romankmenta. com und ich werde persönlich Abhilfe schaffen. Versprochen!

Für wen ist dieses Buch?

Dieses Buch ist für alle, die ihre Social-Media-Kanäle intensiv mit Kurzvideos – Reels, Shorts, Stories etc. – bespielen und damit hohe Reichweiten und viele Interaktionen mit den Besuchern und Fans erzielen wollen.

Wenn Sie gerade ganz am Anfang stehen und gar kein Know-how haben, werden Sie mit diesem Buch sehr gut starten können und rasch Erfolge erzielen. Aber auch für all jene, die mit Kurzvideos bereits erfolgreich unterwegs sind und einfach nur auf der Suche nach neuen Ideen für die nächsten 100 Videos sind, ist dieses Buch sehr nützlich. Es führt Sie strukturiert an interessante Konzepte und Ideen heran, an die Sie bisher vielleicht noch gar nicht gedacht haben.

Und zu guter Letzt eignet sich dieses Buch durchaus auch als Arbeitswerkzeug für Social-Media-Berater und Agenturen. Sie können es nutzen (zumindest Teile davon), um die Ideenfindung mit Ihren Klienten zu vereinfachen und zu beschleunigen.

Vom Praktiker für Praktiker

Manche Teile und Passagen des Buches, vor allem jene, bei denen es um die Technik oder den Videodreh samt seiner Vorbereitung geht, könnten von einer Expertin oder einem Experten in diesen Bereichen – einem Kameramann oder Regisseur zum Beispiel – sehr viel detaillierter und fachlich kompetenter beschrieben und erklärt werden. Und für alle, die sich in diese Bereiche sehr viel tiefer einarbeiten wollen, gibt es viele Bücher und Seminare, mit denen sie genau das machen können.

In diesem Buch finden Sie die wichtigsten Dinge aus all diesen Bereichen, die Sie brauchen, um zu beginnen und mit Ihren Kurzvideos rasch und möglichst einfach erfolgreich auf Social Media zu sein. Ich konzentriere mich dabei auf jene Dinge und jenes Fachwissen, das ich selbst verwende und von dem ich der Meinung bin, dass Sie es ebenso brauchen – aber auch nicht mehr.

Ich habe mich bemüht, all das wegzulassen, was Sie verwirren oder abschrecken könnte und Sie so daran hindert, mit Ihrem Kurzvideoprojekt loszulegen. Vom Praktiker für Praktiker geschrieben, könnte man es so auf den Punkt bringen.

Für die Leser von „Was soll ich bloß posten?"

Im August 2020 habe ich erstmals mein Buch „Was soll ich bloß posten?" veröffentlicht, das sich – für mich recht unerwartet – zum Bestseller entwickelte. Offenbar war das eine Frage, die sich damals viele gestellt haben und vermutlich auch heute immer noch stellen – sofern sie das Buch nicht gelesen haben. Damals waren Kurzvideos noch kein nennenswertes Thema, daher habe ich diesem Format in jenem Buch auch keine allzu große Aufmerksamkeit geschenkt, was ich mit dem Buch, das Sie nun in den Händen halten, mehr als wettmachen möchte.

Die Leser von „Was soll ich bloß posten?" werden die eine oder andere Idee aus jenem Buch hier wiederfinden. Zum Unterschied von „Was soll ich bloß posten?", wo es um alle möglichen Formate geht, beschäftigt sich das Buch, das Sie gerade lesen, ausschließlich mit dem Format Video – Kurzvideo, um genauer zu sein. Das bedeutet, dass auch die Ideen, die vielleicht in meinem anderen Buch zum Thema Social-Media-Beiträge zu finden sind, hier ausschließlich in Bezug auf die Umsetzung in der Form eines Kurzvideos beschrieben sind. Manche der Ideen ließen bzw. lassen sich ja auch als Foto, GIF, Podcast, Slider etc. umsetzen. Um es kurz auf den Punkt zu bringen: Auch wenn Sie „Was soll ich bloß posten?" gelesen haben, ergibt es sehr viel Sinn, dieses Buch hier zu lesen, wenn Sie sich ernsthaft mit Kurzvideos beschäftigen und damit auf Social Media erfolgreich sein wollen. Und wenn Sie Ideen für andere Arten von Posts brauchen, werden Sie in „Was soll ich bloß posten?" in seiner aktualisierten Auflage sicher fündig werden.

Organische (kostenlose) Reichweite

Der Vollständigkeit halber möchte ich auch noch anmerken, dass es hier ausschließlich um die organische, unbezahlte Form von Video-Posts und der damit erzielbaren Reichweite geht. Das Thema bezahlte Werbung, bei dem Kurzvideos ja durchaus auch eingesetzt werden, ist nicht Thema des Buches und ein umfangreiches Thema für sich. Etliche der Ideen für Inhalte, Hooks oder auch Handlungsaufforderungen werden Sie aber ebenso nutzen können, wenn Sie Werbung auf den verschiedenen Social-Media-Plattformen schalten.

Der Aufbau des Buches

Den detaillierten Aufbau und alle Inhalte des Buches finden Sie im Inhaltsverzeichnis klar aufgeschlüsselt. Ich möchte Ihnen allerdings hier grob einen Überblick geben:

- Wir starten mit der sehr kurzen, aber aus meiner Sicht wichtigen Geschichte, wie ich zum Thema Kurzvideos kam.

- Dann erhalten Sie im ersten großen Teil des Buches alle Grundlagen vermittelt, um Ihre Ideen auch strukturiert in Ihrer Praxis umsetzen zu können.

- Der zweite große Teil des Buches ist dann ganz den Ideen für Ihre Kurzvideos gewidmet, wobei dort nicht nur die Inhalte selbst, sondern auch Hooks und Calls-to-Action behandelt werden, die für den Erfolg ebenso wichtig sind wie die Inhalte.

Also, wie bin ich überhaupt zu diesem Thema gekommen? Wie kam es, dass ich mich so intensiv damit beschäftigt habe, dass ich sogar dieses Buch dazu verfasst habe?

MEIN WEG ZU KURZVIDEOS

Bis Ende 2021 war ich, was das Thema Kurzvideos angeht, noch so gut wie vollkommen jungfräulich und ahnungslos. Ja, ich hatte das ein oder andere Mal in die Smartphonekamera gesprochen, um vielleicht auch einmal eine kleine Sequenz für irgendeinen Social-Media-Kanal aufzunehmen. Sicher habe ich ab und zu irgendetwas gefilmt, das mich beeindruckt hat und es dann auf Instagram als Story geteilt. Und ich habe auch schon eine Handvoll Videos aufgenommen, um ein paar Blogbeiträge visuell zu unterstützen. Viel mehr war da aber nicht. Keine Spur von Konzept, Kontinuität, Planung, Professionalität und vor allem von Reichweite.

Ich war bis dahin auch vollkommen ungeübt, was die Aufnahme der Videos anging. Auch, wenn ich es als Redner gewohnt bin, vor Menschen manchmal auch sehr vielen zu sprechen, so ist das Sprechen von sehr kurzen Texten in eine Smartphonekamera etwas vollkommen anderes, das es von Grund auf zu erlernen galt.

Dann kam noch dazu, dass ich auch vom Videoschnitt nur eine sehr rudimentäre Ahnung hatte. Irgendwann war da mal ein Seminar zu diesem Thema, an dem ich teilgenommen hatte, aber wie so oft, wenn man das Gelernte nicht gleich übt und umsetzt, war es auch sehr rasch wieder weg.

Warum erzähle ich Ihnen das? Weil es gut sein könnte, dass es Ihnen genauso geht, wie mir damals, dass auch Sie an demselben Punkt stehen. Ich wollte etwas tun in diesem Bereich, hatte aber noch keine Ahnung, was und wie. Was ich mit diesem Buch meinen Leserinnen und Lesern vor allem auch vermitteln will, ist, dass sie auch in überschaubarer Zeit schaffen können, was mir gelungen ist. Sollten Sie schon weiter sein als ich damals, umso besser, dann haben Sie einen Startvorteil.

Bis zum Herbst 2021, war ich zwar auf allen möglichen Social-Media-Kanälen vertreten, aber – aus meiner Sicht – nicht wirklich professionell, wenngleich ich auf einigen eine durchaus herzeigbare Anzahl von Followern gesammelt hatte.

Je nachdem, welche Mitarbeiter ich gerade im Team hatte, wurde das Thema Social Media mal intensiv und dann wieder stiefmütterlich betreut. Verantwortlich war natürlich ich selbst. Der Grund für diese Situation war: Ich hatte meist keinen klaren Fokus darauf gesetzt.

Was geschah im Herbst 2021, das mich veranlasst hat, mich mit dem Thema Kurzvideos zu beschäftigen? TikTok wurde auf meiner eigenen Landkarte sichtbarer. Die App hatte ich schon Monate vorher auf meinem Smartphone installiert. Ab und zu habe ich durch die unterhaltsamen Videos gescrollt, doch das war es dann auch schon wieder. Offengesagt weiß ich nicht mehr wirklich, was den Ausschlag gegeben hatte, dass die Idee Gestalt annahm, mich mit TikTok professionell beschäftigen zu wollen, sprich einen Business-Kanal dort zu betreiben.

Möglicherweise – wie so oft im Leben – war es eine Kombination von verschiedenen Einflüssen. Social-Media-Guru Gary Vaynerchuk, der damals wie heute in seinen Videos predigt, sich den Themen Kurzvideo und TikTok intensiv anzunehmen, hat sicher einen wesentlichen Beitrag zu meiner Entscheidung geleistet.

Etwas Zweites geschah auch in diesem Zeitraum: Ich holte eine neue Mitarbeiterin an Board, die eigentlich auch für andere Aufgaben vorgesehen war, sich dann aber in das Thema Social Media so vertiefte, dass sie – mit meiner Zustimmung – ganz darin aufging.

Diese Kombination führte dazu, dass der Entschluss irgendwann spät im Jahr 2021 feststand: Ein TikTok-Kanal musste her! Das bedeutete, dass Kurzvideos gar nicht das Ziel waren, sondern sie etwas waren, das sich aus dieser Entscheidung automatisch ergab. Auf TikTok gab und gibt es praktisch ausschließlich Kurzvideos (wenngleich theoretisch auch längere Formate machbar sind).

Dann ging es Schlag auf Schlag. Um von Beginn an zumindest die grundlegenden Fehler zu vermeiden, holte ich mir Martin Puttler als TikTok-Coach an Board. Wir begannen, Ideen zu sammeln, Serien zu skripten (was das ist und wie das geht, erfahren Sie später) und Videos aufzunehmen.

Die Arbeitsaufteilung war und ist immer noch so, dass ich den Content, also die Inhalte kreiere und die Rohfassung der Videos meist an meinem Schreibtisch drehe und meine Mitarbeiterin diese dann nachbearbeitet, indem sie diese schneidet und mit Bildern, GIFs und Untertiteln ein herzeigbares Endprodukt daraus macht.

Eine der größten Herausforderungen war und ist, die Kurzvideos tatsächlich kurz zu halten. Wir sprechen von Längen unter einer Minute, noch besser unter einer halben. Wenn Sie mir eine Stunde Zeit geben, über eines meiner Expertenthemen zu sprechen, dann kann ich das ansatzlos.

Doch in einer Minute oder gar nur in dreißig Sekunden auf den Punkt zu kommen und es dabei so interessant zu gestalten, dass die Zuseher dranbleiben (am besten bis zum Schluss) ist eine ganz andere Herausforderung. Ob jemand ein Video an- bzw. fertigschaut, entscheidet sich tendenziell in den ersten 2 - 3 Sekunden. Das musste ich erst lernen – und selbst heute kann ich immer noch besser werden dabei.

Der Plan war – so die Empfehlung des TikTok-Coaches – ein Video pro Tag zu posten. Zumindest eines. 365 Tage im Jahr. Sonntag, Feiertag, Urlaub – ganz egal. Ein Video am Tag lautete die eiserne Regel. Und diese haben wir bis jetzt, während ich im Juni 2023 diese Zeilen schreibe, auch eingehalten. Genau gezählt habe ich nicht, aber wir haben seither über 100 Kurzvideos produziert und gepostet – und das alleine auf TikTok.

Was ist das Ergebnis bis jetzt? Gleich bei den ersten Videos auf TikTok ging sprichwörtlich die Post ab. Schon das erste Video – ich hatte quasi keine Follower – erzielte rasch eine Reichweite von mehr als 2.000 Followern und liegt jetzt bei über 3.000. Mein viertes Video ging viral (das heißt, es entwickelte sich sehr dynamisch) und wurde bis jetzt über 200.000 Mal angeschaut, über 5.000 Mal geliked und ca. 150 Mal kommentiert. Das waren Zahlen, die ich bis dahin von keinem anderen Kanal nicht einmal annähernd kannte. Doch das blieb nicht das einzige, das sehr gut ankam. Inzwischen sind es einige, die ein paar 100.000 Mal aufgerufen wurden und tausende Likes und Kommentare haben.

Mein erfolgreichstes Video, was die Kennzahlen angeht, ist eines zum Thema „Wie kann man als Kellner mehr Trinkgeld erhalten?". Dieses Video wurde mehr als 1,4 Mio. Mal angesehen, hat über 114,700 Likes und über 1.300 Kommentare erhalten und wurde 590 Mal geteilt. (Den Link dazu finden Sie auf der Ressourcenseite *https://www.romankmenta.com/kurzvideos-ressourcen/* zu diesem Buch)

Auch die Anzahl der Follower wuchs sprunghaft. Zu Beginn waren es schon mal – bei besonders erfolgreichen Videos – ein paar Hundert pro Tag. Natürlich ging es nicht immer so steil bergauf. Auch bei TikTok wird der Algorithmus immer wieder geändert. Das bedeutet, dass das, was gestern funktioniert hat, heute nicht unbedingt noch immer dieselben Ergebnisse bringt. Natürlich gab es zwischen den Ups auch immer wieder Downs. Doch das Ergebnis kann sich sehen lassen. Aktuell (Stand Juni 2023) sind es über 26.000 Follower auf TikTok und über 840.000 Likes.

Jetzt könnte man natürlich mit Recht fragen: „Schön und gut, aber was bringt das für dein Geschäft?" Ich weiß konkret, dass ich drei Kunden direkt über TikTok gewonnen habe, die mir bis jetzt einen Umsatz von mehr als 13.000 € beschert haben. Wie viele Bücher ich über TikTok indirekt verkauft habe und wie viele Kunden mich auf TikTok gesehen haben, die ich aber nicht direkt zurechnen kann, weiß ich nicht. Alles in allem bin ich aber überzeugt, dass diese für meine kleine Nische, in der ich tätig bin, riesige Reichweite sehr hilfreich war und ist.

Später haben wir begonnen, die Kurzvideos, die wir für TikTok produziert hatten, auch noch auf Instagram und ein wenig auch auf Facebook zu verwenden, wobei unser Fokus mit den Kurzvideos auf TikTok- und Instagram-Reels lag und liegt. Wir verwenden dieselben Videos, wenn auch nicht gleichzeitig. Das heißt auch Sie können mit einer Videoproduktion mehrere Kanäle abdecken.

Auch für meinen Instagram-Kanal haben die Kurzvideos als Reels sehr viel Gutes getan, was die Reichweite und Sichtbarkeit betrifft. Mit Bildposts waren und sind die Reichweiten auf Instagram zwischen 200 und 500, manchmal auch etwas mehr. Mit Reels habe ich regelmäßig auch Reichweiten jenseits der 1.000 und auch immer wieder jenseits der 10.000 erreicht. Das zeigt, dass Instagram-Reels aktuell offenbar bevorzugt werden. Mit Bildposts solche Reichweiten zu erzielen, ist nicht unmöglich, aber sehr viel schwieriger.

Unabhängig von Zahlen, Daten und Fakten habe ich im Laufe dieser Reise in den letzten 2 Jahren meine Fähigkeiten in für mich ganz neue Bereiche erweitert. Und ich bin ganz sicher – egal wie welche Algorithmen immer wieder angepasst und geändert werden –, dass es zum Grundhandwerkszeug aller Selbstständigen, Marketer und Verkäufer unbedingt dazugehört, mit dem Medium Video sehr vertraut zu sein. Jeder dieser genannten Gruppen sollte in der Lage sein, Ideen für Videos zu finden, Videos zu konzipieren, zu skripten (den Text im geplanten Wortlaut aufzuschreiben), aufzunehmen, nachzubearbeiten und zu posten. Das ist in Zukunft fixer Bestandteil des kommunikativen Handwerkszeuges wobei diese Zukunft bereits begonnen hat.

RESSOURCENSEITE

Dieses Buch lebt auch von den vielen Beispielen von Creatoren und Unternehmen, vielleicht sogar der einen oder anderen Privatperson, die Kurzvideos erfolgreich einsetzen. All diese Beispiele finden Sie neben anderen ergänzenden Materialien auf der Ressourcenseite zum Buch.

Zu jedem Videoformat, zu jedem Konzept für Videoinhalte und zu vielen der Ideen finden sich auf der Seite zum Buch Beispiele mit Links zu den Videos. Am besten Sie haben – während Sie das Buch lesen – auch die Ressourcenseite geöffnet, um so immer auch gleich zu den beschriebenen Ideen die passenden Beispiele anschauen zu können. Damit ist es noch einfacher zu verstehen, was ich meine, und Sie tun sich leichter, selber Ideen für Ihre Kanäle zu kreieren.

Außerdem habe ich dort auch eine Reihe von Links zu hilfreichen Tools hinterlegt, die Ihnen das Erstellen und Bearbeiten Ihrer Videos erleichtern.

https://www.romankmenta.com/kurzvideos-ressourcen/

Die Links auf der Seite zum Buch (und nicht im Buch selbst) abzuspeichern hat auch den Vorteil, dass diese dort deutlich leichter verwaltet, ergänzt oder geändert werden können als im Buch selbst.

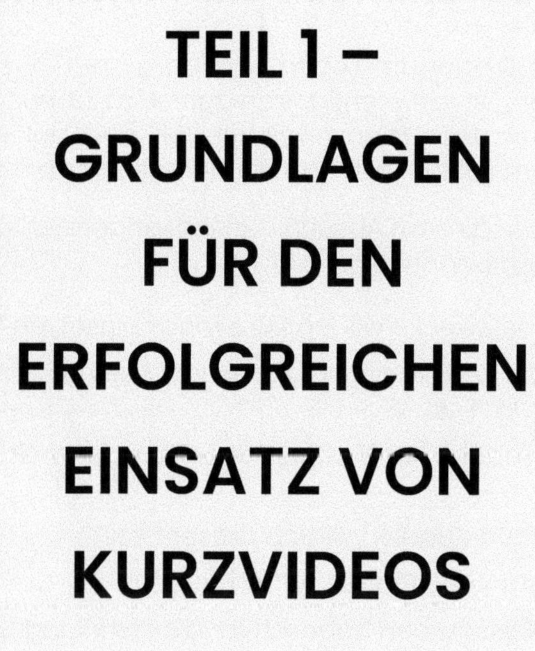
TEIL 1 –
GRUNDLAGEN
FÜR DEN
ERFOLGREICHEN
EINSATZ VON
KURZVIDEOS

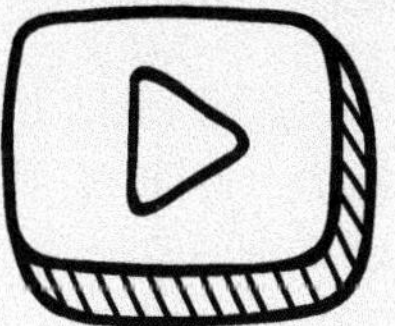

Im ersten Teil des Buches geht es um die Grundlagen, die Sie benötigen, um mit Kurzvideos so zu arbeiten, dass Ihnen diese die gewünschte Reichweite bringen. Damit ist allerdings nicht unbedingt nur das kleine 1 x 1 gemeint. Vielmehr geht es darum, das Fundament zu bauen, auf dem die Ideen aus Teil 2 dann solide fußen können.

CONTENTSTRATEGIE UND -PLANUNG

Wie bei vielen Dingen im Leben und ganz speziell auch im Geschäftsleben, ist es wichtig, sich zuerst zu überlegen, wo man hinwill bzw. was man erreichen will und auf welchen Wegen man am schnellsten und einfachsten dorthin gelangt.

Darum geht es in diesem Abschnitt. Insbesondere sollen dabei folgende Fragen beantwortet werden:

- Für welche Zwecke will ich Kurzvideos einsetzen?
- Welche Ziele verfolge ich dabei und welche Kennzahlen habe ich im Fokus?
- Für wen mache ich die Kurzvideos? Wer ist meine Zielgruppe?
- Auf welchen Kanälen will ich präsent sein?
- Welche Art von Inhalten will ich zeigen?
- Welche Ressourcen habe ich für die Erstellung und Verteilung der Videos?
- Wie sieht mein konkreter Redaktionsplan aus – wie oft poste ich welches Video wo?

Bevor Sie diese Fragen nicht schlüssig beantwortet und somit Klarheit für sich geschaffen haben, ergibt es keinen Sinn, Videos zu produzieren, geschweige denn diese zu verteilen. Ich erwähne das besonders, weil ich in der Praxis oft das Gegenteil beobachte. Zuerst wird produziert und verteilt und dann überlegt man sich – vielleicht – wofür und für wen das Ganze überhaupt sein soll.

Mit einem Ziel und gut geplant umgesetzt entfalten Ihre Videos sehr viel mehr Kraft und erzielen viel mehr Reichweite.

Wenn Sie das ganze Thema an einen Mitarbeiter oder eine Agentur auslagern, dann entbindet Sie das nicht von der Beantwortung dieser Fragen, ganz im Gegenteil. Damit diese wissen, was Sie wollen, brauchen Sie ein sehr gutes Briefing. Eine professionelle Agentur würde diese Fragen ohnehin gemeinsam mit Ihnen erarbeiten.

Die Einsatzzwecke von Kurzvideos

Sie haben dieses Buch vielleicht gekauft, weil Sie gesehen haben, wie andere ihre Produkte und Leistungen direkt oder indirekt über Kurzvideos auf Social Media vermarkten. Das ist vermutlich auch der häufigste Grund, warum viele beruflich auf Social Media vertreten sind. Doch es ist lange nicht der einzige. Sie können Kurzvideos für Ihr Unternehmen für unterschiedliche Zwecke einsetzen. Dabei ist das kein „entweder / oder", sondern vielmehr ein „und / und". Für folgende Zwecke können Sie Kurzvideos für Ihr Business nutzen:

• Verkauf

Sie können natürlich in Kurzvideos etwas anbieten, um direkt einen Verkauf zu erzielen. Dabei möchte ich allerdings darauf hinweisen, dass sich die Sozialen Medien generell in diesem Punkt von den klassischen Medien unterscheiden. Wir wollen auf Social Media primär informiert und unterhalten werden, aber nicht direkt etwas angeboten bekommen – zumindest nicht nur. Eine gewisse Beimischung von direkten Verkaufsvideos im Rahmen Ihrer Gesamtstrategie ist allerdings vollkommen in Ordnung.

• Vorstellung von neuen Produkten und Leistungen

Schon sehr viel besser kommt es beim Publikum an, wenn Sie Ihre (neuen) Produkte und Leistungen ganz zwanglos vorstellen, zeigen, was sie alles bieten und wie man diese einsetzen kann. Und das muss nicht unbedingt mit einer Kaufaufforderung enden.

• Leadgenerierung

Wenn Sie über Social-Media-Kurzvideos Leads
(Kontakte) generieren wollen, ist das ein absolut
machbares Ziel, wofür sich dieses Format sehr gut
eignet.

• Kundenbindung

Doch auch, um den Kontakt mit bestehenden Kunden zu
halten, sind Soziale Medien generell sehr gut geeignet.
Kurzvideos umso mehr, da Sie hier mit wenig Aufwand
von viel mehr bestehenden Kunden wahrgenommen
werden.

• Mitarbeitergewinnung

Gerade in Zeiten, in denen ein großer Teil der Unternehmen über Probleme klagt, die richtigen und ausreichend Mitarbeiter zu finden und zu gewinnen, braucht
es neue Strategien dafür. Kurzvideos auf Instagram und
TikTok eignen sich dafür besonders gut, weil das Format
gerade sehr angesagt ist, besonders, wenn es um die
neueren Generationen geht. Die Tatsache, dass Sie als
Unternehmen Kurzvideos auf diesen Kanälen posten,
beinhaltet auch eine Botschaft für sich. Es zeigt, dass
Ihr Unternehmen modern und am Puls der Zeit ist und
macht Sie so wesentlich interessanter und attraktiver für
viele potenzielle Mitarbeiter.

• Mitarbeiterbindung

Dasselbe gilt natürlich auch für die bestehenden
Mitarbeiter. Die Wirkung Ihrer Kommunikation auf
Ihren Social-Media-Kanälen strahlt natürlich nicht nur
nach außen, sondern auch nach innen ab. Bei einem
Unternehmen, das sich so modern nach außen zeigt,
arbeitet man auch tendenziell lieber und bleibt länger.

• Unterhaltung

Auch als Unternehmen, das Produkte und Leistungen
verkaufen will, ist es absolut in Ordnung, wenn ein Teil
Ihrer Kurzvideos einfach nur darauf ausgerichtet ist, zu
unterhalten – ganz ohne Verkaufsabsicht.

Natürlich ist es darüber hinaus wichtig oder zumindest erstrebenswert, dass alle Ihre Videos auch einen gewissen Unterhaltungswert haben. Je besser Sie das schaffen, desto erfolgreicher werden Ihre Videos sein.

• Empfehlung

Wenn eines Ihrer wesentlichen Ziele sein sollte, dass Sie bzw. Ihre Angebote weiterempfohlen werden, dann sind Kurzvideos auf Ihren Social-Media-Kanälen auch ein effektives Instrument dafür. Dank Ihrer höheren Reichweite bleiben Sie bei bestehenden Kunden und Kontakten stärker in Erinnerung. Wenn diese dann nach einer Empfehlung gefragt werden oder auf eine Situation stoßen, in der Ihr Angebot genau passend wäre, ist die Wahrscheinlichkeit, dass sie an Sie denken und Sie empfehlen, deutlich höher. Bei Empfehlungen geht es vor allem auch darum, dass Sie bei den Empfehlungsgebern gedanklich präsent sind.

Die Ziele und Kennzahlen

Was wollen Sie mit Ihren Kurzvideos erreichen? Was genau sind Ihre Ziele? – Das sind Fragen, die in sehr engem Zusammenhang mit den eben besprochenen Einsatzzwecken stehen. Allerdings können Sie (und sollten oft auch) noch genauer werden, wenn es um Ihre Ziele geht. Natürlich wollen Sie zum Beispiel Kunden gewinnen, doch der Weg dahin führt über einige Zwischenschritte. Zuerst müssen Sie Ihre Zielkunden in Kontakt mit Ihren Videos bringen und dabei stehen erstmals andere Kennzahlen (auch KPIs – Key-Performance-Indicators) im Vordergrund.

Und wenn von Social Media gesprochen wird, dann geht es immer auch gleich um diese vordergründigen Kennzahlen. Wie viele Follower? Wie viele Likes? Wie groß war die Reichweite bzw. wie oft wurde ein Video aufgerufen? Die Gefahr dabei ist jene, dass man sich zu sehr auf die falschen Kennzahlen konzentriert, indem man bei diesen hängenbleibt.

Lassen Sie uns einmal annehmen, jemand möchte über Social Media, speziell mittels Kurzvideos, Mitarbeiter gewinnen und Bewerbungen generieren. Dann ist die eigentlich wichtige Kennzahl jene, wie viele Bewerbungen auf Basis der Social-Media-Aktivitäten erfolgen. Dennoch wird oft sehr viel mehr über Likes und Kommentare bei einzelnen Videos gesprochen als über die Anzahl der Bewerbungen, die erreicht wurden.

Das ist auch leicht erklärbar: Die Reichweite, die Likes und die Anzahl der Kommentare sind sofort und einfach für jeden auch noch so unerfahrenen Social-Media-Anwender sichtbar. Wie viele Bewerbungen als Folge der Videos eingegangen sind, ist sehr viel schwerer messbar. Dafür braucht es ausgeklügelte technische Vorgehensweisen. Und selbst da wissen wir letztlich auch nicht zu 100 %, ob nicht die eine oder andere Bewerbung auch ohne die Videos eingelangt wäre bzw. wird es auch etliche geben, bei denen ein Kurzvideo vielleicht den Ausschlag gab, eine Bewerbung zu senden, diese aber auf dem ganz traditionellen Postweg geschickt wurde, statt über den Link, der im Video, dem Profil oder auf der Seite angegeben wurde.

Auch, wenn vieles im digitalen Bereich sehr viel besser messbar ist als im analogen, bleibt ein gewisser Graubereich. Und nochmal: Die Anzahl der Likes und Follower sieht jeder sofort.

Nun will ich diese Kennzahlen aber auch gar nicht schlecht machen. Ohne Reichweite keine Bewerbungen (in unserem Beispiel). Ohne Likes und Kommentare oder ohne, dass jemand das Video teilt, wird die Reichweite sehr gering bleiben.

Alles hängt zusammen und das eine trägt zum anderen bei. Die Botschaft lautet einfach nur, die wirklich wichtigen Kennzahlen, die am Ende stehen, die, die Ihr Business wirklich voranbringen (Verkäufe, Umsätze, Bewerber etc.) nicht aus den Augen zu verlieren. Von Likes können wir nichts abbeißen und viele Follower allein machen auch nicht satt.

Was sind nun ein paar der vordergründigen Kennzahlen – jene, die leicht erkennbar und messbar sind?

- **Follower**

Die Anzahl der Follower (je nach Plattform auch Kontakte oder Fans) ist die vermutlich bekannteste und beliebteste Kennzahl. Sie wird üblicherweise in absoluten Zahlen oder auch in Zuwächsen (absolut oder in Prozenten) gemessen.

- **Interaktionen (Engagement)**

Das können – je nach Kanal – verschiedene Dinge sein, vor allem Likes, Shares und Kommentare.

- **Likes**

Je nach Kanal ist ein Like ein „Herz", ein „Daumen nach oben" oder auch ein anderes Symbol, das Zustimmung und positives Feedback bedeutet.

- **Klicks**

Klicks (auf weiterführende Links etwa) zu messen, ist nicht überall einfach möglich. Bei Stories auf Instagram sehen Sie diese zum Beispiel unmittelbar in den Statistiken und in Ihrem Instagram-Profil (Dashboard).

Etwas komplizierter und aufwändiger, aber machbar ist es, die Klicks als Besucher auf einer Landingpage zu erfassen, auf die die Besucher Ihrer Social-Media-Kanäle geleitet werden. Auch manche Monitoring-Tools bieten diese Funktionalität.

• Shares

Wenn jemand Ihr Video auf seinem Kanal teilt, hilft das Ihrer Reichweite. Je nachdem, wer wo den Beitrag teilt, kann das sogar einen enormen Reichweitenschub geben.

• Click-Trough-Rate (CTR)

Die CTR (als Prozentsatz ausgedrückt) sagt aus, wie viel Prozent der Besucher, die einen Beitrag zu sehen bekommen, auch tatsächlich auf den Beitragslink klicken.

• Conversion

In Bezug auf tatsächliche Verkäufe sagt die Conversionsrate aus, wie viele der Menschen, die auf einen Link klicken, auch tatsächlich kaufen.

• Merken / Abspeichern

In manchen Sozialen Medien kann man sich Beiträge, die einem gefallen, auch merken bzw. diese speichern.

• Aufrufe / Reichweite (Aufrufe sind nicht gleich Reich weite) – siehe Text unten

Die Reichweite eines Videos gibt an, wie viele Menschen dein Video (einmal oder auch mehrmals) gesehen haben. Die Anzahl der Aufrufe eines Videos ist typischerweise größer als seine Reichweite, weil sich manche Besucher Videos mehrfach ansehen.

Das waren die bekanntesten der Social-Media-Kennzahlen, doch es gibt noch einige andere, die zum Teil sicher nicht weniger wichtig sind.

Was tatsächlich wie wichtig ist, damit der Algorithmus (die Formel, die bestimmt, was Sie zu sehen bekommen und was nicht) ein Video oft zeigt, weiß so genau niemand – außer vielleicht jenen, die die Formel programmieren.

• Zeit insgesamt

Wie viel Zeit wurde ein Video insgesamt angesehen (von allen Betrachtern gemeinsam) – egal ob nur teilweise, wiederholt oder nur einmal pro Zuseher.

• Wie lange gesehen

Auch interessant ist die Frage, wie lange sich die Zuseher ein Video ansehen bzw. wann sie aussteigen. Natürlich weiß es der Algorithmus zu schätzen, wenn Videos bis zum Ende angeschaut werden und das am besten mehrmals. Wenn zum Beispiel viele Zuseher nach Sekunde 5 weiterscrollen, dann könnte man sich als Creator fragen, was man in den ersten paar Sekunden anders machen sollte, um die Zuseher dazu zu animieren, länger auszuharren.

Je nach Plattform gibt es da noch einiges mehr an Zahlen, die man analysieren und daraus Rückschlüsse ziehen kann, um die Videos und damit deren Performance noch besser zu machen. Doch um die Analyse der Social-Media-Kennzahlen soll es hier gar nicht so sehr im Detail gehen. Da könnte man möglicherweise ein eigenes Büchlein zu schreiben.

Was Sie aus diesem Abschnitt mitnehmen sollen, ist vielmehr darüber nachzudenken, welche Kennzahlen Sie in den Vordergrund stellen wollen. Davon hängt ab, wie Sie Ihre Videos gestalten.

Wenn Sie zum Beispiel wollen, dass möglichst viele Zuseher Ihr Video kommentieren, dann würde es sehr viel Sinn ergeben, dass Sie am Ende des Videos immer wieder einmal genau dazu auffordern oder auch in der Caption (dem Begleittext, der Videobeschreibung oder auf YouTube in der „Infobox") oder in einem Kommentar Fragen stellen und um Antworten in den Kommentaren ersuchen.

Und letztlich geht es darum, über diese gebräuchlichen Kennzahlen hinweg Ihre wahren Ziele nicht aus den Augen zu verlieren – die gewonnenen Kunden, der erzielte Umsatz, die erhaltenen Bewerbungen. Das Ganze ist ein in sich verbundenes System.

Umsetzungsaufgabe

Denken Sie über Antworten auf die folgenden Fragen nach und machen Sie sich dazu Notizen:

- Was sind die übergeordneten Ziele, die Sie mit Ihren Videos verfolgen?

- Welche Kennzahlen wollen Sie für Ihre Kurzvideos im Fokus behalten?

- Wie können Sie Ihre Videos gestalten, dass diese Kennzahlen optimiert werden?

Die Zielgruppe

Auch die Zielgruppe ergibt sich aus den vorhin genannten Einsatzzwecken – zumindest grob. Doch grob reicht noch nicht. Angenommen Ihre Zielgruppe wären Menschen mit Rückenschmerzen, dann kann es zum Beispiel einen deutlichen Unterschied machen, ob Sie 65-jährige Männer oder 25-jährige Frauen ansprechen wollen.

Die genaue Zielgruppe hat Auswirkung auf:

- die Wahl des Kanals,
- die Art des Videos / das Format,
- den Inhalt des Videos,
- den Schnitt des Videos,
- die Formulierung von Hooks, Captions und Calls-to-Action,
- die Häufigkeit der Posts,
- die Uhrzeit der Posts,
- die Wahl der Darsteller in den Videos

und wahrscheinlich noch ein paar mehr Faktoren, an die ich vielleicht noch gar nicht gedacht habe, weil diese möglicherweise für Ihre Branche eine sehr spezielle Bedeutung haben.

Definieren Sie daher Ihre Zielgruppe so genau wie möglich. Machen Sie Ihren Avatar (Musterkunden), falls Sie das nicht ohnehin schon gemacht haben. Denn eigentlich ist das nicht etwas, das Sie erst bei der Produktion von Kurzvideos berücksichtigen müssen, sondern es stellt vielmehr eine wichtige Grundlage für Ihr Geschäft dar. Daher werde ich in diesem Buch auch nicht weiter darauf eingehen.

Sollten Sie eine Vorlage dafür brauchen, finden Sie auf der Ressourcenseite zu diesem Buch (*https://www.romankmenta. com/kurzvideos-ressourcen/*) eine zum Download.

Wenn Sie in das Thema Positionierung (denn damit hat es zu tun) noch tiefer eintauchen wollen, dann können Sie auch **„Das große USP Strategie Buch"** lesen.

https://www.romankmenta.com/shop/

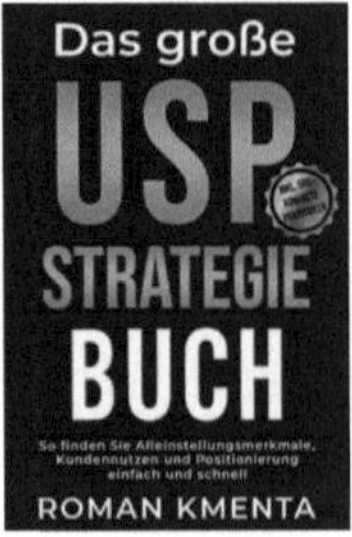

Wichtig sind in diesem Zusammenhang vor allem die Probleme oder Fragen Ihrer Zielgruppe. Diese liefern nämlich – unter anderem – exzellentes Material für Ihre Videos, in denen Sie die Probleme und Fragen lösen bzw. beantworten können.

Umsetzungsaufgabe

Denken Sie über Antworten auf die folgenden Fragen nach und machen Sie sich dazu Notizen:

- Wer sind die Menschen, Unternehmen oder Organisationen Ihrer Zielgruppe?
- Wenn genau wollen Sie mit Ihren Videos ansprechen?
- Wenn Sie Organisationen als Zielgruppe haben: Wer sind die Menschen in den Organisationen, die Sie mit Ihren Videos ansprechen wollen?
- Welche Probleme oder Fragen haben diese in Ihrem Themenbereich?
- Wie können Sie diese Probleme mit Ihren Videos (zumindest teilweise) lösen bzw. deren Fragen beantworten?

Die Kanäle

Ein sehr wichtiges und spannendes Thema sind die Kanäle, auf denen Sie Ihre Kurzvideos posten können. Deshalb wichtig und spannend, weil diese nicht auf allen Social-Media-Kanälen einsetzbar sind und auch nicht überall gleichermaßen gut funktionieren.

Was die aktuelle Bedeutung der einzelnen Kanäle betrifft, so ist es kaum möglich, eine exakte Antwort darauf zu geben.

Es kommt darauf an, welche Kennzahl man heranzieht und für welchen Zweck und für welche Zielgruppe man einen Kanal betreibt.

Doch nach der weltweiten Anzahl der Nutzer im Januar 2023 (lt. Statista) ergibt sich folgende Reihung:

- Facebook 3 Mrd.
- YouTube 2,5 Mrd.
- WhatsApp 2 Mrd.
- Instagram 2 Mrd.
- WeChat 1,3 Mrd. (v.a. in China von Bedeutung)
- TikTok 1 Mrd.
- LinkedIn 0,9 Mrd. (Achtung das sind Mitglieder nicht unbedingt User)
- Facebook Messenger 0,9 Mrd.
- Pinterest 0,4 Mrd.
- X (vormals Twitter) 0,3 Mrd.

Neben diesen zahlenmäßig am bedeutendsten gibt es noch einige, die zwar auch in diese Größenordnungen an Usern vordringen, aber dennoch für geschäftliche Anwendungszwecke vor allem im Europäischen Raum keine große Bedeutung haben. Bei manchen der oben Angeführten könnte man berechtigterweise fragen, ob das denn überhaupt Soziale Medien sind, wie die Messengerdienste WhatsApp und Facebook Messenger zum Beispiel.

Doch die korrekte Zuordnung ist dabei nicht wirklich relevant. Vielmehr geht es um die Frage, wo Kurzvideos leicht und sinnvoll einsetzbar sind und wo Sie damit Ihre Zielgruppe erreichen. Und wenn das im Einzelfall auch über WhatsApp gut funktioniert, warum nicht auch WhatsApp in den Redaktionsplan mit aufnehmen?

Lassen Sie uns die einzelnen Kanäle, auf denen Sie Kurzvideos einsetzen können, genauer betrachten. Was sind die Vorteile, die Nachteile und die Möglichkeiten, die diese Ihnen im Einzelnen bieten?

Instagram

Instagram ist groß und hat in den letzten Jahren an Bedeutung gewonnen. Es bietet exzellente Möglichkeiten, Kurzvideos einzusetzen, und zwar in zweierlei Form:

- als Reel (dafür gibt es auf Instagram eine eigene Kategorie) oder
- als Story, die nach 24 Stunden wieder gelöscht wird.

Aktuell sind Kurzvideos als Reels die beste Möglichkeit, größere Reichweiten zu erzielen. Sehr grob geschätzt würde ich meinen, dass Sie mit Kurzvideos auf Instagram 3- bis 10-mal so hohe Reichweiten erzielen können als mit Bildbeiträgen – bei ähnlichen bzw. vergleichbaren Inhalten. Zumindest aktuell bevorzugt der Instagram-Algorithmus Reels. Wie lange das so bleibt und ob das in einem Jahr auch noch der Fall sein wird, weiß bei derart schnelllebigen Medien natürlich niemand.

Ein Nachteil auf Instagram ist anzumerken: Es sind keine Links von einzelnen Videos zu Ihrer Website zum Beispiel möglich (außer bei bezahlter Werbung und jenen, die Sie als Story posten).

TikTok

TikTok ist vermutlich die Plattform, die das Thema Kurzvideos in den Sozialen Medien am stärksten vorangetrieben hat. Ob ohne TikTok Kurzvideos heute die Bedeutung hätten, die sie haben, ist zumindest fraglich.

TikTok war damit Vorreiter, ausschließlich auf Kurzvideos zu setzen. Alle anderen fanden das Format offenbar gut und haben es nachgemacht (wobei aber auch TikTok gerne gute Ideen von anderen übernimmt – jeder schaut bei den anderen ein wenig ab).

Damit ist aber auch TikTok jene Plattform, auf der man als CreatorIn fast einen Kanal betreiben muss, natürlich nur, wenn die Zielgruppe auch dort zu finden ist. Und falls Ihre Zielgruppe sich dort noch nicht aufhält, ergibt es trotzdem Sinn, dass Sie dort aktiv sind. Es ist ein Investment in die Zukunft. Wie beim Grundstückskauf sind die Grundstücke auf TikTok jetzt auch billiger als in ein paar Monaten oder 1-2 Jahren, wenn alle dort sein wollen.

Immer noch sind viele Geschäftstreibende sehr zurückhaltend, was TikTok angeht. Es besteht noch immer die verbreitete, aber dennoch falsche Annahme, dass TikTok nur etwas für die Kids ist, die dort singen, tanzen oder seltsame Bewegungen vollführen bzw. allerlei mehr oder weniger lustigen bis gefährlichen Schabernack treiben. Die Realität zeigt vielmehr, dass sich die Zusammensetzung der Benutzer in den letzten Jahren dramatisch verändert hat. TikTok durchlief bzw. durchläuft immer noch einen starken Wandel.

Es wird älter und mehr und mehr Unternehmen und Selbstständige starten dort einen Kanal. Das hat zur Folge, dass es dadurch für geschäftliche Nutzungszwecke interessanter wird und sich aber die Kids Schritt für Schritt verabschieden und andere Spielplätze suchen. Dort, wo Mama und Papa sich herumtreiben, will man schließlich nicht sein. Man könnte sagen, dass TikTok denselben „Reifeprozess" durchläuft, den man zuvor schon bei Facebook oder Instagram beobachten konnte.

Und ja, es ist definitiv schon reif genug für Ihr Business. Es gibt große Kanäle von Osteopathen, Rechtsanwälten, Finanz-beratern, Immobilienmaklern, Ernährungsexperten und vielen mehr, die die Gunst der Stunde genutzt haben und zu den Ersten zählen, die sich auf TikTok in relativ kurzer Zeit hohe Reichweiten und viele Follower aufgebaut haben.

Noch ist es nicht zu spät, aber mit jedem Monat, den Sie warten, wird das schwerer. Aktuell ist TikTok sicher der dynamischste Kanal, verglichen mit den anderen Social-Media-Plattformen und der „Place to be" für Ihre Kurzvideos.

Abgesehen von seiner Historie ist ein weiterer Grund – so denke ich zumindest – warum TikTok immer noch falsch eingeschätzt und damit von vielen Selbstständigen und Unternehmen nicht beachtet wird, dass auf diesem Kanal sehr viele Benutzer recht anonym unterwegs sind. Wo auf LinkedIn oder auch auf Facebook und Instagram die allermeisten mit ihren echten Namen und Profilbildern präsent sind, auf denen tatsächlich auch sie selbst zu sehen sind, ist das auf TikTok sehr häufig nicht so.

Natürlich sind diejenigen, die professionelle Kanäle betreiben, gut erkennbar, aber die Millionen von Benutzern, die nur Videos anschauen, Likes hinterlassen oder auch ab und zu ihren Kommentar abgeben, nicht. Da gibt es allerlei Symbolbilder statt eines Portraitfotos und die wildesten Wort- und Zahlenkreationen als Namen. Anders als auf Facebook, Instagram oder auch LinkedIn, wo die meisten Benutzer auch selbst immer wieder einmal auch selbst etwas posten (und sei es nur ein Bild von der leckeren Nachspeise), gibt es auf TikTok sehr viele, die das niemals tun.

Dadurch fühlt man sich als Creator und Kanalbetreiber einer anonymen Masse gegenüber und bekommt kein Gefühl dafür, ob diese Benutzer auch in die eigene Zielgruppe passen.

Auf LinkedIn zum Beispiel ist das ganz einfach erkennbar. Wenn Max Mustermann meinen Post liked, dann sehe ich ganz leicht, ob er Grafiker oder Geschäftsführer bei einem IT-Vertrieb ist. Auf TikTok ist das nicht der Fall. Doch auch, wenn Sie die Benutzer dort nicht zuordnen können, können Sie inzwischen davon ausgehen, dass viele von denen, die Sie mit Ihren Videos ansprechen wollen, unter ihnen sind.

Auf TikTok können Sie Ihre Kurzvideos – wie auf Instagram auch – in zwei Formaten zeigen:

- Als TikTok (so nennt man das dort), als Beitrag in ihrem Kanal oder

- als Story, die wie auf anderen Plattformen auch nach 24 Stunden wieder verschwindet.

Wir nutzen vor allem die erste Variante. Stories haben auf TikTok aktuell nicht die große Bedeutung, die sie auf Instagram haben. Auch auf TikTok haben Sie den Nachteil, dass Sie von Ihren Videos keinerlei Links nach außen setzen können. Dazu gibt es die Möglichkeit nur im Profil bzw. bei bezahlter Werbung oder, wenn Sie Ihr Kurzvideo als Story posten.

Facebook

Zu Facebook als der Mutter der Plattformen brauche ich nicht allzu viel Grundsätzliches zu sagen. Menschen jeder Altersklasse kennen Facebook und nutzen es auch.

Auf Facebook organische (unbezahlte) Reichweite zu erzielen, ist sehr schwierig geworden. Facebook will (immer mehr) Geld haben, damit Inhalte vielen Benutzern gezeigt werden. Doch auch hier hat man mit Shorts (so heißt das Kurzvideoformat auf Facebook) bessere Chancen als mit normalen Text- oder Bildposts.

Sie haben auf Facebook 3 Möglichkeiten, Ihre Kurzvideos unterzubringen:

- Als normalen Video-Post: Das Posting ist in diesem Fall ein Video auf deiner Seite direkt.

- Als Reel: Man kann aber auch in Form eines Reels posten (über das Smartphone). Der Vorteil ist, dass Ihr Video so an mehr Menschen ausgespielt wird.

- Als Story: Im Stories-Format verschwindet Ihr Video auch auf Facebook nach 24 Stunden wieder.

Für meine Social-Media-Strategie spielte Facebook in den letzten Monaten und Jahren eine untergeordnete Rolle. Allerdings sind wir gerade dabei, Facebook wieder einen größeren Stellenwert einzuräumen und dort auch regelmäßig Reels zu posten.

YouTube

YouTube war nicht die erste Plattform, auf der Kurzvideos propagiert wurden. Schließlich ist YouTube ein Kanal, auf dem man sich auch problemlos Videos ansieht, die 10 Minuten dauern. Aber auch 1 oder 2 Stunden – wenn der Inhalt interessant ist – sind da kein Problem – für mich zumindest nicht. Das hat sich auch nicht geändert und doch gibt es inzwischen sehr viele Shorts (die Bezeichnung für Kurzvideos) auf YouTube.

Auch diese sind nicht verlinkbar nach außen, wobei man aber auf den eigenen Kanal verlinken kann. Sie erfüllen hier vor allem den Zweck, den YouTube-Kanal zu promoten und über dieses kurze Format die Zuseher für die längeren Videos zu gewinnen und zu Abonnenten zu machen. In der Beschreibung (Infobox) eines normalen YouTube-Videos können Sie aber dann sehr wohl Links einfügen.

Wenn Sie bereits einen YouTube-Kanal betreiben, ergibt es sehr viel Sinn, diesen mit Kurzvideos zu erweitern. Sollte das noch nicht der Fall sein, dann müssten Sie grundsätzlich darüber nachdenken, ob Sie professionell auf YouTube – mit kurzen und langen Videos – präsent sein wollen bzw. können.

LinkedIn

LinkedIn ist ein Social-Media-Kanal, der sich in den letzten Jahren sehr stark entwickelt hat und für viele Selbstständige und Unternehmer zu einem sehr wichtigen, für etliche sogar zum wichtigsten Kanal geworden ist. Kurzvideos bzw. Videos generell gibt es dort zwar, zeigen aber nicht die Performance, wie auf anderen Kanälen.

Rein technisch betrachtet können Sie Ihre Kurzvideos auf LinkedIn als ganz normalen Post online stellen. Der Vorteil im Vergleich zu Instagram und TikTok ist, dass Sie von Ihrem Kurzvideo Links setzen können (in dem Text des Beitrages selbst), wo immer Sie hin verlinken wollen. Angeblich mag es der LinkedIn-Algorithmus nicht gar so gerne, wenn vom LinkedIn-Post aus nach außerhalb von LinkedIn verlinkt wird, aber wer weiß das schon so genau.

Eine Alternative ist es, hier den Link, den Sie vielleicht setzen wollen, als Kommentar darunter zu stellen. Ob das das der Algorithmus lieber mag, kann auch angezweifelt werden.

Da LinkedIn aber tendenziell querformatig ausgerichtet ist, wird bei deinem hochformatigen Kurzvideo links und rechts ein dunkler Bereich angezeigt. Das macht zwar grundsätzlich nichts, sieht aber vielleicht etwas eigenartig aus. Das ist allerdings nicht der Grund, warum Sie mit Ihren Kurzvideos nicht unbedingt auf LinkedIn sein müssen. Vielmehr ist für mich ausschlaggebend, dass der LinkedIn-Algorithmus Kurzvideos nicht sonderlich forciert, wie das auf Instagram eher der Fall ist. Alles in allem – ein Kann, aber kein Muss.

XING

Nachdem XING eine Plattform ist, die fast ausschließlich im deutschsprachigen Raum eine gewisse Bedeutung hat, wollte ich sie nicht unerwähnt lassen. Die Erwähnung kann ich aber ganz kurz halten, weil die Bedeutung von XING als Social-Media-Plattform in den letzten Jahren stark abgenommen hat (was auch dem Wachstum von LinkedIn, das viel internationaler ist und mehr kreative Möglichkeiten bietet, zuzuschreiben ist) und Videos, welcher Art auch immer, dort nicht gepostet werden können (bezahlte Werbung ausgenommen).

X (vormals Twitter)

Ebenso kurz halten kann ich den Abschnitt zu X (der neue Name von Twitter). Dass Kurzvideos auf X / Twitter keine besondere Bedeutung haben, davon kann sich jeder, der einen kurzen Blick auf die Plattform wirft, ganz rasch selbst überzeugen. Hinzu kommt, dass X für die breite Masse der Privatpersonen, Selbstständigen und Unternehmen im deutschsprachigen Raum niemals die Größenordnung und damit auch die Bedeutung erlangt hat wie in den USA (von sehr speziellen Zielgruppen wie Journalisten gesehen). Kurz gesagt: X brauchen Sie in Ihrer Kurzvideostrategie nicht zu berücksichtigen. X ist als Kurznachrichten-Dienst bekannt. Man erhält dort immer zuerst die neuesten Meldungen.

Pinterest

Pinterest nimmt eine ganz besondere Stellung ein. Es wird in einem Atemzug mit anderen Social-Media-Plattformen genannt, obwohl es eigentlich in vielerlei Hinsicht nicht wie die übrigen funktioniert und im Grunde mehr eine Suchmaschine mit Datenbank ist als ein Soziales Medium. Wobei das auch wiederum im Grunde nicht wichtig ist. Entscheidend ist letztlich nur die Frage, ob Sie darüber relevante Zielgruppen erreichen können. Und die Antwort lautet: Ja, das können Sie.

Auch auf Pinterest funktionieren Kurzvideos im Hochformat aktuell besonders gut. Sie sind auf dieser Plattform – wie alle anderen Posts – auch nach außen verlinkbar. Die Nutzung Ihrer Kurzvideos, die Sie für andere Kanäle produziert haben, funktioniert – technisch betrachtet – auf Pinterest einwandfrei.

Ich kenne Menschen bzw. Unternehmen, die mit Pinterest riesige Reichweiten erzielen, solche für die Pinterest sogar der wichtigste Kommunikationskanal für ihre Posts ist. Ob Pinterest für Sie interessant sein kann, hängt vor allem auch davon ab, was Sie verkaufen oder promoten, was Ihr Thema ist, in welcher Branche Sie tätig sind und ob Ihre Inhalte bzw. Produkte sich gut in bildhafter Form darstellen lassen. Für alle, auf die das letzte Kriterium zutrifft und die sich vor allem an ein weibliches Zielpublikum wenden (der Frauenanteil ist jenseits der 60 %), kann es eine sehr gute Idee sein, Pinterest auch in die Kurzvideostrategie miteinzubeziehen.

Das würde ich aber letztlich auch nur dann empfehlen, wenn Sie Pinterest ohnehin bereits (erfolgreich) betreiben oder es selbst ohne Kurzvideos in Ihre Social-Media-Strategie mitaufnehmen würden. Der Umgang mit Pinterest unterscheidet sich von den anderen Sozialen Medien so sehr, dass mit einem Mehraufwand zu rechnen ist, wenn man diesen Kanal erfolgreich mit Kurzvideos bespielen will.

WhatsApp

Einen ganz besonderen Status nimmt WhatsApp im Zusammenhang mit dem Thema dieses Buches ein. An sich ist es ja eine App, um Nachrichten an einzelne Personen oder auch in Gruppen zu versenden und kein klassisches Soziales Medium. Wie die Zahlen zeigen, ist es eine sehr beliebte App, die extrem viel verwendet wird und das quer durch alle Altersklassen und Zielgruppen – wie ich auch aus eigener Erfahrung bestätigen kann.

Bis dato habe ich selbst WhatsApp in meiner Social-Media-Strategie generell überhaupt nicht berücksichtigt, obwohl das natürlich möglich ist. Zu beginnen, Ihre Kontakte mit Direktnachrichten in Kurzvideoform zu bombardieren, wäre wahrscheinlich eine Vorgehensweise, die schnell dazu führen würde, dass Ihre WhatsApp-Kontakte deutlich weniger werden – eine schlechte Idee also.

Wo es aber Möglichkeiten gibt, Ihre Videos unaufdringlich(er) miteinfließen zu lassen, ist der Status. Dieser erfüllt auf WhatsApp dieselbe Funktion wie die Stories auf anderen Plattformen. Lange Videos sieht sich dort sicher niemand an, aber kurze könnten schon funktionieren. Ich selbst bin gerade ein wenig am Testen, ob es etwas bringen kann, Kurzvideos zwischen die anderen Inhalte, die ich im Status poste, zu mischen. Wenn Sie Ihren WhatsApp-Status nicht grundsätzlich nur für enge Freunde und Bekannte freigeben, sondern alle Ihre Kontakte darauf Zugriff haben, könnten Sie im Prinzip all jene Inhalte, die Sie zum Beispiel in Instagram-Stories stellen, auch in den WhatsApp-Status posten. Sogar Links können Sie in den WhatsApp-Status setzen.

Der Vorteil dabei ist, dass es eine – bis jetzt – wenig verbreitete Vorgehensweise ist, den Status aktiv für geschäftliche Zwecke zu nutzen, wodurch Sie mehr auffallen. Es sind auch teilweise ganz andere Kontakte, die ich so erreiche, als jene über die klassischen Sozialen Medien. Speziell dann, wenn Sie relativ viele Kontakte auf WhatsApp haben, könnte es eine durchaus interessante – wenngleich ergänzende – Strategie sein, Ihre Kurzvideos auch auf WhatsApp zu nutzen.

Zusammenfassend könnte man daher sagen, dass Sie im Rahmen Ihrer Kurzvideostrategie vor allem folgende Kanäle nutzen können bzw. sollten:

- TikTok – TikToks unbedingt und vielleicht auch Stories
- Instagram – Reels und Stories
- Facebook – Shorts, Reels und Stories
- YouTube – Shorts in Kombination mit langen Videoinhalten auf Ihrem Kanal
- Pinterest – wenn Sie ohnehin einen Pinterest-Kanal betreiben oder das vorhaben

Der Rest spielt nur punktuell für den einen oder anderen speziellen Zweck bzw. für spezielle Zielgruppen und Inhalte eine Rolle.

Auf dieser Grafik haben Sie die aktuelle Übersicht, wo Kurzvideos in welcher Variante technisch einsetzbar sind und wie gut sich der jeweilige Kanal dafür eignet.

KURZVIDEOS IM HOCHFORMAT:

Kanal:	Links möglich:	Format:
Instagram	Bezahlte Werbung, Story und Bio	Reels, Stories
Facebook	Im Text des Beitrags, im Kommentar	Reels, Stories, Shorts
TikTok	In der Story und Bio	Tiktoks, Stories
LinkedIn	Im Text des Beitrags, im Kommentar	Kurzvideo als Beitrag
Youtube	Nur in der Infobox eines Youtube-Videos	Youtube Shorts
Pinterest	Klickbare Links auf Pins	Kurzvideos als Pins

Zusammenfassend ist zu erwähnen, dass eigentlich nirgendwo (außer auf LinkedIn) Links IN einem Video möglich sind. Wenn dann nur in der Caption / Beschreibung des Videos. In Instagram- und Facebook-Reels geht aber auch das nicht. Genauso wenig wie bei TikTok.

Auf welchen Kanälen Sie mit Ihren Kurzvideos präsent sein wollen, hängt auch von den Antworten auf folgende Fragen ab:

- Auf welchen Social-Media-Kanälen sind Sie bis jetzt präsent oder planen in Zukunft präsent zu sein – unabhängig vom Format (Video, Bild Post, Text Post etc.)? Die Wahl des Kanals sollte weitgehend unabhängig vom Format Kurzvideo erfolgen, wenngleich ich auf Kanälen, wo Kurzvideos gar nicht möglich sind, nicht mehr beginnen würde zu posten.
- Welche zeitlichen und / oder finanziellen Mittel haben Sie zur Verfügung?
  Mehr Kanäle brauchen mehr Mittel, zwar nicht doppelt oder dreimal so viel, aber doch mehr. Außerdem gibt es Kanäle, die häufigere Videos verlangen als andere.

Natürlich gibt es über die einzelnen Kanäle so viel zu wissen, dass es das Buch sprengen würde, hier in die Tiefe zu gehen. Der Fokus dieses Buches liegt schließlich auf dem zweiten Teil, dem Kreieren von interessanten Videoinhalten. Wenn Sie erstmals die Entscheidung für einen bestimmten Kanal getroffen haben, rate ich Ihnen, sich speziell zu diesem Kanal zu informieren (über Bücher, Videos, Podcasts etc.) oder – noch besser – beraten zu lassen.

Einen wichtigen Tipp möchte ich Ihnen aus eigener Erfahrung an dieser Stelle doch geben: Beginnen Sie mit einem einzigen Kanal und bespielen Sie diesen mit Ihren Videos erfolgreich, bevor Sie einen zweiten dazunehmen. Die Gefahr, sich zu viel zuzumuten, ist groß.

Die Art der Inhalte

Wenn ich von der Art der Inhalte spreche, dann meine ich damit die grundlegende Ausrichtung. Diese gibt den Rahmen für das Finden passender Inhalte vor.

Die Frage lautet also: Wie sollen Ihre Inhalte sein? Wie wollen Sie wahrgenommen werden?

- unterhaltsam oder informativ – oder auch beides
- sehr eng am Thema oder auch ab und zu davon abweichend
- seriös und fachlich oder locker und leger
- persönlich oder sachlich
- politisch / weltanschaulich oder keinesfalls politisch, sondern diesen Themen fernbleibend

Doch es ist nicht nur wichtig, darüber nachzudenken, wie Sie wahrgenommen werden wollen. Über das Gegenteil nachzudenken, wie Sie keinesfalls wahrgenommen werden wollen und wo die Grenzen dessen sind, was Sie in Ihren Videos zeigen oder tun wollen, ist mindestens genauso wichtig und kann bisweilen sehr interessante, neue Erkenntnisse bringen.

Wie immer Sie sich entscheiden, es muss zu Ihrem sonstigen Auftritt und zu Ihrer Positionierung passen. Ihre Kurzvideos sollten verständlicherweise kein vollkommen anderes Bild von Ihnen zeigen als Ihr Auftritt an anderen Kundenberührungspunkten. Das könnte verwirrend, verstörend oder lächerlich wirken – statt wie beabsichtigt humorvoll. Nur weil ein Kurzvideo ein anderes Darstellungsformat ist als ein reiner Textpost zum Beispiel, heißt das nicht, dass deshalb alles anders sein darf oder gar muss.

Umsetzungsaufgabe

- Denken Sie über die folgenden Fragen nach und machen Sie sich Notizen zu Ihren Antworten:
- Wie sollen meine Kurzvideos wahrgenommen werden?
    - » humorvoll
    - » informativ
    - » (besonders) seriös
    - » locker
    - » provozierend
    - » politisch (im allgemeinen Sinne)
- Wie wollen Sie nicht wahrgenommen werden?
- Wo sind die Grenzen? Was werden Sie in Ihren Videos nicht tun bzw. zeigen?

Serien, Serien, Serien

Wenn es nur einen Tipp geben würde, den Sie beherzigen sollten: Wenn Sie laufend Videos für Ihre Kanäle erstellen wollen, dann ist es jener, unbedingt in Serien zu denken und zu produzieren. Der Seriengedanke macht Ihnen das Leben als Creator viel einfacher. Ich behaupte sogar, dass es ohne Serien fast ein Ding der Unmöglichkeit ist, laufend ausreichend gute Ideen für alle Kanäle, selbst für einen einzigen Kanal, der täglich bespielt werden soll, zu haben.

Doch was ist überhaupt eine Serie? Als Serie bezeichne ich in diesem Zusammenhang eine Reihe von Videos, die einen gemeinsamen roten Faden haben. Am einfachsten ist es vermutlich anhand eines Beispiels illustriert:

Lassen Sie uns zum Beispiel darüber nachdenken, welche Kurzvideoserien zum Beispiel ein Zoofachgeschäft (weil es so einfach und klar ist in diesem Fall) machen könnte:

- tollpatschige Katzen
- spielende Katzen
- fressende Katzen
- besondere Rassen von Katzen
- ganz kleine Katzen

Jeder dieser Punkte würde eine eigene Serie füllen. ZU jedem dieser Punkte – da bin ich sicher – gibt es ausreichend Material, wenn man in dieser Branche tätig ist.

Dasselbe könnte man mit Hunden, Pferden und vermutlich noch etlichen anderen Tiergattungen machen. Ob das die besten Ideen für Serien in diesem Fall sind, lasse ich einmal dahingestellt – wobei man mit einer Serie von spielenden Kätzchen gar nichts falsch machen kann, wenn man wie in unserem Fall ein Zoofachgeschäft betreibt. Als Finanzberater wäre es deutlich schwieriger, einen sinnvollen Zusammenhang zu den spielenden Kätzchen herzustellen – doch dazu später mehr. Wie viele Videos eine Serie umfassen sollte, ist nicht exakt festgelegt.

Solange sie inhaltlich gut sind und die Reichweiten und Interaktionen dies bestätigen, kann eine Serie kaum zu lange
sein. Meine längste Serie „Antworten auf zu teuer" umfasst
inzwischen etwa 50 Videos. Um von einer Serie sprechen zu
können, sollten Sie aber zumindest zehn Videos anpeilen.

Dabei sollten Sie nicht nur in Serien denken, sondern dann
auch gleich in Serien skripten und in Serien produzieren. So zu
arbeiten erspart Ihnen eine Menge Zeit.

Ihre Serien können zwar, müssen allerdings nicht unbedingt
für Ihre Community als solche erkennbar sein. Beides ergibt
Sinn. Es kommt ganz auf die Inhalte an. Bei meinen Serien
gibt es solche, die für meine Follower ganz deutlich als
Serie erkennbar sind und andere sind für die Community
scheinbar einzelne Videos, obwohl sie für mich eine Serie
ergeben. Der Seriengedanke ist – aus meiner Sicht – für Sie als
Videoproduzent wichtiger als für die Zuseher. Doch auch für
Zuseher hat es einen Vorteil, wenn sie eine Serie mögen und
auf einen Blick sehen, dass es in dieser eine neue Folge gibt.

Wenn Sie Serien für Ihre Zuseher deutlich als solche erkennbar
machen wollen, dann machen Sie am besten Folgendes:

- Verwenden Sie immer denselben Rahmen.

- Nutzen Sie immer dasselbe Format.

- Verwenden Sie immer denselben Titel, der sich nur
  durch fortlaufende Nummern unterscheidet.

- Speichern Sie diese zusätzlich – wo möglich –
  auch unter Wiedergabelisten ab (wie auf TikTok
  zum Beispiel), die dann mit dem Seriennamen
  bezeichnet sind.

So steigern Sie den Wiedererkennungswert Ihrer Serien deutlich.

Bei allen Vorteilen, die Serien mit sich bringen, gibt es natürlich
auch Nachteile. Serien können relativ leicht als „wenig
abwechslungsreich" angesehen werden. Diese Gefahr können
Sie verringern, indem Sie mehrere Serien (5 – 10) parallel laufen
lassen. So kommt ein Video jeder Serie nur einmal pro Woche
an die Reihe.

Die Verwendung von Videos

Auch die Art, wie Sie Ihre Ideen bzw. auch Ihre fertigen Videos verwenden, sollte gut überlegt sein. Geschickt gemacht sparen Sie sich oder Ihrem Team eine Menge Arbeit – und das ist eine unschätzbar wertvolle Sache.

Das Zauberwort lautet „Content-Recycling", also das Mehrfach- oder Wiederverwenden von Videoinhalten, ganzen Videos oder Teilen davon. Das ist deshalb enorm wichtig, weil Sie so nicht nur eine Menge Zeit und Arbeit sparen, sondern es auch kein Problem ist, wenn Ihnen einmal die Ideen ausgehen sollten.

Ganz allgemein betrachtet können Sie Content-Recycling natürlich über alle möglichen Kanäle, Darstellungsformen und Medien betreiben. SO können Sie aus den Inhalten von 15 Blogbeiträgen zu einem Thema etwa ein Buch machen und den Content gleichzeitig aber auch für 3 Text- oder Bildposts pro Blogbeitrag nutzen. Damit sind wir noch lange nicht am Ende. Jeder Blogbeitrag ergibt auch den Inhalt für eine Podcast Folge. Wenn Sie sich beim Einsprechen Ihrer Podcasts filmen, können Sie diese Videos auch gleich als Content für Ihren YouTube-Kanal nutzen und so weiter und so fort. Die Möglichkeiten, Ihren Content wiederzuverwenden, sind fast grenzenlos.

Doch im Hinblick auf das Thema dieses Buches möchte ich ein paar Ideen speziell zum Wiederverwenden Ihrer Kurzvideoinhalte für andere Kurzvideos liefern. Konkret gibt es dabei folgende Möglichkeiten:

• Mehrfache Verwendung auf verschiedenen Kanälen

Sie können exakt dieselben Videos auf mehreren Kanälen verwenden. Die Voraussetzung dafür ist, dass die Kanäle zueinander passen.

So sehe ich zum Beispiel kein Problem dabei, ein Video, das wir ursprünglich für TikTok produziert haben (fast) 1:1 als Instagram-Reel zu verwenden. Für LinkedIn wäre es nicht wirklich passend.

Was ich dabei allerdings empfehlen würde, ist, es nicht zeitsynchron zu machen, sodass an einem Tag nicht dasselbe Video auf allen Kanälen gepostet wird. Die Ausnahme ist, wenn Sie genau das absichtlich machen, um eine bestimmte Botschaft (zum Beispiel im Rahmen einer Promotion) massiv zu kommunizieren.

• Verwendung in unterschiedlichen Formaten

Es muss dabei nicht einmal das Kurzvideo sein, das Sie auf verschiedenen Kanälen verwenden. Es kann zum Beispiel auch der Videomitschnitt eines Podcasts sein (bei dem Sie sich filmen, wie Sie ins Mikrofon sprechen), den Sie auch anderweitig nutzen. So hat sich Online-Business-Coach Stefanie Kneisz mit dieser „Podcast-zu-Video-Strategie" mit wenig Aufwand eine ansehnliche und treue Community auf Instagram aufgebaut.

• Reposts

Dasselbe Video auf einem Kanal, auf dem es bereits gelaufen ist, unverändert wieder zu posten, sehe ich auch als unproblematisch, wenn es sich um zeitlose Inhalte handelt, die jetzt genauso aktuell sind, wie vor einem Jahr. Ich würde empfehlen, einen gewissen Abstand von zumindest einigen Wochen oder Monaten zu halten.

• Neu geschnitten

Was Sie ebenso machen können, aber wie erwähnt nicht müssen, ist ein Video neu zu schneiden. So ist es zumindest ein wenig verändert und Sie sparen sich den Aufwand, es neu aufzunehmen.

• Inhalte neu aufnehmen

Eine weitere Möglichkeit, die mit mehr Aufwand verbunden ist, ist es dasselbe Video neu aufzunehmen und dabei ein paar Dinge an den Rahmenbedingungen (anderer Raum oder Hintergrund, andere Kleidung etc.) zu verändern. Leicht geänderte Formulierungen des Textes ergeben sich fast automatisch, wenn Sie diesen nicht Wort für Wort ablesen.

• Ideen neu skripten

Die aufwändigste Form des Content-Recyclings Ihrer Videos ist es, wenn Sie eine bestehende Idee aufgreifen und diese ganz neu bearbeiten. So entsteht dann ein wirklich neues Video. Diese Variante ist naturgemäß jene, für die Sie die meiste Zeit benötigen.

Wir verwenden für meine Kanäle alle aufgeführten Varianten, manche öfter, andere seltener und das seit Langem. Beschwerden oder gar Probleme hatten wir dabei noch kein einziges Mal. Das ist auch einfach zu erklären, sehr plausibel und hat mehrere Gründe:

- Ihre Community von Fans, Kontakten und Followern ändert sich ständig. Es kommen neue dazu, alte – die Ihr Video vielleicht schon gesehen haben – fallen weg.

- Ihre Videos werden immer nur von einem Bruchteil Ihres gesamten Netzwerkes gesehen. Teilweise sind es auch vor allem Nicht-Kontakte, an die ein Video ausgespielt wird. Und Nicht-Kontakt gibt es auch noch viele Millionen mehr.

- Wenn man ein Video sieht, weiß man nicht wirklich, ob das ein altes ist, das vor Monaten gepostet wurde (auf manchen Kanälen werden diese vom Algorithmus auch wieder gezeigt, ohne dass sie neu gepostet werden) oder ein neues.

- Wir vergessen sehr vieles schon wieder, kurz nachdem wir es gesehen haben. Erschreckend wenig davon bleibt lange haften. Ihre Kurzvideos – so leid es mir tut – auch nur in den seltensten Fällen.

- Eine Wiederholung ist – eben auch weil wir viel vergessen oder gar nicht wahrnehmen – durchaus sinnvoll.

- Wiederholungen stören uns auch im Fernsehen nicht sonderlich – solange eine gewisse Zeit verstrichen ist und die Inhalte gut sind.

- Und sollte jemand trotz all der aufgezählten Punkte bemerken, dass Sie ein „altes" Video nochmals gepostet haben, heißt das noch lange nicht, dass es ihn stört.

Lange Rede, kurzer Sinn: Machen Sie sich keine Sorgen und verwenden Sie Ihre wertvollen und mühsam produzierten Videos mit Fingerspitzengefühl und Verstand aber doch auch mehrfach.

Die Ressourcen

Vorbereitend sollten Sie auch darüber nachdenken, wie es um Ihre zeitlichen und finanziellen Ressourcen, die für Ihre Kurzvideos und Social-Media-Arbeit zur Verfügung stehen, bestellt ist.

Sie können vieles oder auch alles selbst machen, dann brauchen Sie viel Zeit, oder aber Sie lagern viel aus (was aus meiner Sicht immer eine überlegenswerte Option sein sollte), dann kostet Sie das mehr Geld.

Die zeitlichen Ressourcen

Damit Sie ein wenig einschätzen können, was an Arbeit auf Sie zukommt, ein paar grobe Zahlen aus eigener Erfahrung. Pro 30 bis 60 Sekunden-Video (ein Reel oder TikTok im Rahmen einer Serie) brauche ich etwa so lange:

- Ideenfindung: 5 Minuten

- Skripten (der gesprochene Text des Videos samt etwaigen Regieanweisungen ausformuliert): 10 Minuten

- Aufnahme (eines Dialoges): 10 Minuten

- Schnitt und Nachbearbeitung: 30 bis 60 Minuten – je nachdem, wie aufwändig Sie das Video gestalten wollen. Eine Rolle spielen dabei die Anzahl der Schnitte, Transitions (Übergänge), Green Screen Effekte, Texteinblendungen, Animationen, GIFs (auch die Suche/ Recherche der zuvor genannten), Musik und Geräusche etc.

- Posten bzw. Vorprogrammierung des Posts: 5 bis 10 Minuten, je nach Captionlänge und Art sowie Anzahl der Hashtags.

Das bedeutet, alles in allem können Sie pro Video mit etwa 1 Stunde zumindest rechnen. Mit ein wenig Übung und Geschick wird es weniger, am Anfang brauchen Sie möglicherweise etwas länger.

Doch lassen Sie sich davon nicht abschrecken. Meine Formate und Inhalte sind relativ arbeitsintensiv. Es gibt sicher Kollegen, die Ihre Reels von der Idee innerhalb von 20 Minuten online haben. Wenn Sie einfach ein spielendes Kätzchen filmen, geht das noch sehr viel schneller. Und meine Kurzvideos für Instagram-Stories sind üblicherweise auch 5-Minuten-Produktionen.

Die Arbeitsaufteilung

Egal welche Art von Videos Sie machen wollen – mehr oder weniger arbeitsaufwändig – stellt sich die Frage: Was machen Sie selbst und was können Sie auslagern?

Bei vielen der Leserinnen und Leser dieses Buches könnte es so sein wie bei mir:

- Ich entwickle gemeinsam mit meinem Team die Ideen für die Serien.
- Ich skripte die Inhalte selbst.
- Ich nehme die Videos auf und stelle sie (samt Skript) meiner Social-Media-Expertin zur Verfügung.
- Sie macht den Schnitt und die Nachbearbeitung und
- verteilt das Video auf den diversen Kanälen.

Wenn sich diese Abläufe erst einmal eingespielt haben, funktionieren sie wie ein gut geöltes Getriebe. Dabei ist es aber auch denkbar, dass Sie viel mehr auslagern, als ich es mache. Vor allem dann, wenn Sie nicht selbst die Hauptrolle in Ihren Videos spielen müssen oder das sogar ganz bewusst nicht wollen, fällt das Auslagern noch leichter. Um bei dem plakativen Beispiel mit den Videos der spielenden Kätzchen zu bleiben – in solche Videos müssen Sie kaum involviert sein, da können Sie so gut wie alles auslagern.

All jene allerdings, die sich selbst als Expertin oder Experte positionieren wollen, werden zumindest die wesentlichen Inhalte beitragen und für den Videodreh zur Verfügung stehen bzw. ihn selbst machen müssen. Das Skripten der Inhalte könnte auch jemand für sie machen, der fachlich zumindest auch ausreichend Ahnung hat.

Zusammengefasst könnte man also sagen, je nachdem wie Sie positioniert sind, welche Art von Business Sie betreiben, und welche Art von Videos Sie machen wollen, ist die Arbeit mit Kurzvideos mehr oder weniger Arbeit für Sie und Ihr Team, aber es ist Arbeit. Ein paar Stunden pro Woche kommen da rasch zusammen, wenn Sie alles, was Sie oder andere dabei machen, berücksichtigen.

Der Redaktionsplan

Ihre Kurzvideos sind vermutlich nicht der einzige Content, den Sie posten, oder sollte es zumindest nicht sein. Auch wenn wir in diesem Buch ausschließlich darüber sprechen, lebt ein guter, erfolgreicher Social-Media-Kanal vom Zusammenspiel verschiedener Formate und medialer Darstellungen – außer vielleicht im Fall von TikTok, wo es zumindest bis jetzt ausschließlich Videos gibt, von denen vermutlich mehr als 90 % Kurzvideos sind.

Das bedeutet, Sie sollten Ihre Kurzvideos in Ihren Redaktionsplan einbetten. Dieser ist technisch betrachtet ein Zeitplan, in dem festgehalten wird:

- was
- wann
- wo
- und von wem

gepostet wird.

Sie können einen solchen z. B. ganz einfach in Excel erstellen, indem Sie wie in einem Kalender in den Spalten die Wochentage eintragen und in den Zeilen die Uhrzeit.

In die so entstehenden Kästchen tragen Sie dann die einzelnen Aktivitäten ein. Sie finden eine Vorlage dafür aber auch auf der Ressourcenseite (*https://www.romankmenta.com/kurzvideos-ressourcen/*) zu diesem Buch.

Dabei sollten Sie natürlich für Abwechslung sorgen und Ihre Videoserien gut über die Woche verteilen. Im einfachsten Fall, wenn Sie täglich posten wollen, brauchen Sie daher 7 Serien. Es muss aber auch nicht so streng sein. Es können schon mal Videos aus einer Serie zweimal pro Woche gepostet werden und in der nächsten kommt eine andere Serie öfter zum Zug.

Um den Redaktionsplan dann umzusetzen, sollten Sie so gut es geht Möglichkeiten zur Automatisierung nutzen. Die meist schlechteste Variante ist es, wenn das Posten Ihrer Videos gemäß Redaktionsplan an Ihnen hängt – bei mir zumindest wäre das so, da ich ständig etliche andere Dinge zu tun habe oder gar im Auftrag meiner Kunden unterwegs bin.

Wenn es Ihnen ähnlich geht, lagern Sie das Posten der Videos aus. Entweder an einen Mitarbeiter bzw. eine Agentur oder, noch besser, an eine Software, die das für Sie übernimmt. Manche Social-Media-Plattformen bieten die Möglichkeit, Posts vorzuprogrammieren, direkt auf der Plattform an. Es gibt aber auch eine Vielzahl von Anbietern sogenannter Autoposter, über die Sie meist mehrere Social-Media-Kanäle mit einem Tool bedienen können.

Doch Achtung, nicht alle sind für jede Social-Media-Plattform geeignet. Bei manchen wird die Verwendung derartiger Software bestraft und kann sogar zur Schließung des Kontos führen. Bei anderen ist es einfach technisch nicht möglich. Doch dort, wo es möglich ist, sind die Programme sehr hilfreich. Eine Übersicht dazu finden Sie auf der Ressourcenseite zu diesem Buch.

Letztlich hängt es auch davon ab, auf welchen Plattformen Sie wie oft posten. Dreimal pro Woche ein Video als Instagram-Reel hochzuladen, ist auch ohne Autoposter und Mitarbeiter gut zu schaffen. Mehrmals täglich auf mehreren Plattformen mit Ihren Videos (plus anderen Posts) aktiv zu sein, vermutlich nicht mehr.

DIE VIDEOPRODUKTION

Die Produktion eines Videos ist ein weites Feld, was allein die Technik und den Prozess angeht. Dazu gibt es Spezialisten, Kurse und Bücher, die sich ausschließlich mit diesem Thema beschäftigen. Doch so tief müssen und werden wir im Rahmen dieses Buches auch nicht in die Materie einsteigen.

Ganz im Gegenteil, statt Sie mit technischen Details zu überfordern, will ich Ihnen mit ein paar wenigen Informationen zeigen, wie einfach es geworden ist, gute Videos für Ihre Social-Media-Kanäle zu produzieren. Ich war bis vor kurzem noch ein absoluter Kurzvideo-Laie und habe es geschafft, über 400 Videos zu produzieren und mit manchen Reichweiten jenseits der Million zu erzielen. Und wenn ich das kann, dann können Sie das sicher auch. Und viel mehr als das brauchen Sie nicht, um loszulegen. Der Rest ist vor allem Übung und Sammeln von praktischer Erfahrung.

Technik

Obwohl das für unser Ziel – erfolgreiche und reichweitenstarke Kurzvideos zu produzieren – nicht besonders wichtig ist, möchte ich dennoch mit einem sehr kurzen Überblick über die technische Ausstattung, die Sie dafür benötigen, beginnen. Das vor allem aus dem Grund, weil die Technik und der Umgang damit genau das ist, was viele davon abhält, mit Kurzvideos auf Social Media überhaupt zu beginnen.

Was verwenden wir selbst für unsere Kurzvideos:

- ein halbwegs neues Smartphone zum Aufnehmen bzw. auch zum Nachbearbeiten

- die kostenlose Smartphone-Version von Capcut (als App downloadbar), eines der gängigsten Programme für die Videonachbearbeitung in diesem Bereich

- ein kleines, stabiles Tischstativ – die meisten Videos drehe ich sitzend – mit einem guten, leicht bedien-baren (da sollten Sie nicht sparen) Aufsatz, um Ihr Smartphone zu befestigen

- professionelles Licht – daran sollten Sie definitiv auch nicht sparen, aber keine Angst, es ist bezahlbar

- ein MacBook mit externem Bildschirm, auf dem ich die geskripteten Texte während der Aufnahme einblende und lesen kann (ohne dabei Wort für Wort abzulesen)

- einen neutralen Hintergrund
  Ich habe zwei davon (an der Decke befestigt)– ein einfaches graues Rollo von Ikea und einen professionellen Greenscreen. Interessanterweise funktioniert das Ausblenden des Hintergrundes in der Nachbearbeitung mit dem einfachen grauen Rollo besser als mit dem Profi-Greenscreen.

- ein kleines, professionelles drahtloses Ansteckmikro.

Das ist es aber auch schon. Es gibt natürlich jede Menge mehr an Equipment, das Sie sich zulegen könnten. Wenn Sie 100.000 € investieren und sich ein kleines Videoproduktionsstudio einrichten wollen, dann bin ich sicher, da finden sich Möglichkeiten, das Geld auszugeben – notwendig ist es jedoch nicht. Vom Smartphone abgesehen kommen Sie mit maximal 500 € sehr gut aus. Eine umfangreichere Liste der Technik plus Links finden Sie auf der Ressourcenseite zu diesem Buch.

Der inhaltliche Aufbau

Ein Kurzvideo folgt einem ganz spezifischen und einfachen Aufbau, der quasi wie eine Formel angewandt werden kann. Der Erfolgsfaktor ist also nicht jener, einen neuen Aufbau zu erfinden (davon würde ich abraten), sondern viel Kreativität und Ideen in die einzelnen Teile – vor allem in den Hauptteil – fließen zu lassen.

Der klassische, typische Aufbau eines erfolgreichen Kurzvideos sieht wie folgt aus:

1. Der Einstieg mit einem „Hook"

In den ersten 3 Sekunden geht es darum, das Interesse des Zusehers so weit zu wecken, dass er dranbleibt und das Video weiter ansieht, idealerweise bis zum Ende.

Ein Hook ist ein Interessenswecker, etwas, das neugierig macht und Spannung erzeugt. Wie ein guter Hook aussieht, dafür gibt es viele Beispiele. Eine umfangreiche Sammlung und Formeln, mit denen Sie ganz leicht eigene, wirksame Hooks formulieren können, finden Sie weiter hinten im Buch.

2. Der Hauptteil

Im Hauptteil erzählen oder zeigen Sie dann kurz und auf den Punkt gebracht, was Sie sagen oder zeigen wollen. Fragen Sie sich dabei immer wieder: Was kann ich weglassen? In der Kürze liegt bei dieser medialen Darstellungsform definitiv die Würze und auch ein guter Teil des Erfolges. Ihre Zuseher sind sehr leicht ablenkbar und haben – wie wir alle heute – eine sehr kurze Aufmerksamkeitsspanne. Je länger der Hauptteil ist, desto spannender muss er sein.

3. Der Schluss mit einem Call-to-Action (CTA)

Am Schluss, der auch nur wenige Sekunden dauert, ist es wichtig, dass Sie eine Handlungsaufforderung aussprechen bzw. abgeben. Was soll der Betrachter tun? Sehr oft wird es eines der folgenden Dinge sein:

> » Das Video liken,
>
> » einen Kommentar hinterlassen,
>
> » den Kanal abonnieren und
>
> » das Video teilen.

Natürlich gibt es noch eine Reihe weiterer möglicher CTAs wie „Besuchen Sie meine Website" oder „Kaufen Sie dieses Produkt". Doch die oben genannten vier sind für den Betrachter am einfachsten umzusetzen, da er dazu die Plattform nicht verlassen muss. Auch was die Handlungsaufforderungen angeht, werden Sie dazu noch sehr viel mehr in diesem Buch finden. Ich habe dem Thema einen ganzen Abschnitt mit vielen 1:1 anwendbaren Beispielen gewidmet.

Die Idee

Spätestens hier stellt sich die Frage, die die Basis für dieses Buch darstellt: Was soll ich bloß für ein Video posten? Welche Inhalte Sie in Ihr Kurzvideo packen können, das ist das große Thema, das wir im zweiten Teil des Buches ausführlich behandeln.

Etwas, das Sie für alle Ideen und in allen Bereichen und Branchen nutzen können und vermutlich auch sollten, ist ChatGPT (Link im Ressourcenteil). Diese Künstliche Intelligenz kann Sie hervorragend bei der Suche nach Ideen, Konzepten und Inhalten unterstützen.

Die Planung

Die Planung Ihres Videos ist die Vorstufe zum Skript, wobei man dieses auch als Teil der Planung sehen könnte. Die Planung – so könnte man sagen – bezieht sich mehr auf den Rahmen, in den das Skript dann eingebettet wird. Bei manchen Formaten ist die Planung ganz einfach, bei anderen komplex und aufwändig.

Wenn Sie zum Beispiel vorhaben, einen kurzen Monolog zu einem Thema zu halten und diesen an Ihrem Schreibtisch sitzend direkt in die Kamera zu sprechen, braucht das kaum Planung. Für so ein Video bin ich selbst innerhalb von 1 Minute einsatzbereit.

Andererseits gibt es auch komplexere Videos, in denen vielleicht mehrere Personen vorkommen (Sie selbst in unterschiedlichen Rollen oder tatsächlich mehrere Menschen) und die draußen, vielleicht sogar an unterschiedlichen Orten spielen. Dafür ist die Planung naturgemäß deutlich aufwändiger.

Speziell zu Beginn Ihrer ersten Videos würde ich Ihnen unbedingt empfehlen, es einfach zu halten. Zumal es definitiv keine komplexen und aufwändigen Videos braucht, um damit Reichweite und Interaktionen mit der Community zu erzielen.

Folgende Dinge sollten Sie für die Planung Ihres Videos berücksichtigen bzw. folgende Fragen beantworten:

- Welches Format wählen Sie (dazu mehr im Teil 2 des Buches) – halten Sie einen Monolog oder einen Dialog (bei dem Sie selbst auch in die zweite Rolle schlüpfen, wie ich es etwa häufig mache)?

- Brauchen Sie weitere Akteure? – Das können Menschen oder auch Tiere sein.

- Wo soll das Video spielen? – In Ihrem Büro, vor einem neutralen Hintergrund (den Sie ggfs. auch in der Nachbearbeitung durch einen anderen ersetzen können)?

- Welche Kleidung oder andere Utensilien benötigen Sie dafür (Perücken, Brillen und andere Dinge, um sich zu verkleiden und in die andere Rolle zu schlüpfen, sind bei vielen Creatoren sehr beliebt)

- Wie wollen Sie Ihr Skript nutzen, sodass seine Verwendung für Sie am einfachsten ist (ausgedruckt oder auf dem Bildschirm – dazu später noch mehr)?

- Haben Sie die wichtigste Technik, die Sie benötigen – Licht, Mikrophon, Kamera – einsatzbereit?

Für die allermeisten Videos, zumindest jene, die ich bisher gedreht habe, ist es das auch schon. Viel mehr gibt es nicht zu bedenken, was die Planung angeht.

Das Skript

„Skripten oder nicht skripten? Das ist hier die Frage!" – Sie haben drei Möglichkeiten, Ihre Videos vorzubereiten:

- Sie können diese vollständig skripten,

- es in Stichworten / Bullets festhalten oder

- es gar nicht skripten, sondern es nur gedanklich vorbereiten oder sogar ganz spontan in die Kamera sprechen.

Unter einem Skript verstehe ich in diesem Zusammenhang den ausgeschriebenen Text für Ihr Video, wenn nötig ergänzt durch Regieanweisungen. Man könnte es vermutlich auch als eine Art Drehbuch bezeichnen, doch das klingt fast zu „groß" für mich. Schließlich will ich Sie ja nicht abschrecken.

Ein Skript ist kein Muss. Sie können Ihre Videos auch ohne Skript aufnehmen. Ich unterscheide für meine eigenen Videos zwischen:

- spontanen Kurzvideos, wie ich sie vor allem für Stories nutze und
- geplanten und durchdachten Videos etwa für Reels und TikToks.

Bei den spontanen betreibe ich meist keinen großen Aufwand. Da nehme ich einfach eine Sequenz auf. Die Nachbearbeitung besteht meist nur darin, Anfang und Ende zurechtzuschneiden und dann noch ein paar Worte Text und vielleicht noch ein Emoticon, einen Link oder einen Hashtag darüberzulegen. Doch in diesem Buch geht es mir mehr um die zweite Kategorie, die geplanten, an die ich sehr viel höhere Ansprüche stelle, was die Machart aber auch die Erfolgsaussichten betrifft.

„Ich schreibe dir heute einen langen Brief mein Freund, für einen kurzen habe ich keine Zeit." Dieser Satz stammt angeblich aus einem Brief von Johann Wolfgang von Goethe an seinen Freund Friedrich Schiller. Warum erwähne ich ihn an dieser Stelle? Weil er zu 100 % auch auf unser Thema Kurzvideos zutrifft.

Für ein langes Video, bei dem ich 10 Minuten oder mehr an Aufnahmezeit zur Verfügung habe, brauche ich nur das Thema (über das ich natürlich gut Bescheid wissen muss) und ein paar Bullets und Stichworte, um dem Video eine gewisse Struktur zu geben. Damit könnte ich dazu bereits ein gehaltvolles Video mit interessanten Inhalten aufnehmen. Je kürzer das Video allerdings sein soll, desto genauer müssen Inhalt und Timing geplant sein.

Daher finde ich es sehr hilfreich, den Text speziell für Kurzvideos vorab komplett ausformuliert zu Papier zu bringen.

Vor allem, wenn der Text im Video etwas mehr wird, vielleicht sogar zwei oder mehr Personen vorkommen (deren Rollen Sie ggfs. alle selbst einnehmen), empfehle ich Ihnen, den Text vorher komplett auszuformulieren. Die Zeit, die Sie dafür benötigen, sparen Sie bei der Aufnahme und vor allem dann bei der Nachbearbeitung leicht ein.

Die Alternative wäre es, die Texte in die Kamera zu sprechen, ohne sie vorher ausformuliert zu haben. Dazu brauchen Sie viel Übung mit dem „in die Kamera sprechen" und selbst dann kann es manchmal bedeuten, dass Sie 5 oder 6 Aufnahmen machen müssen, bevor die Aufnahme zumindest so gut ist, dass diese ohne übergroßen Aufwand nachbearbeitet werden kann. Natürlich kann man aus jeder Aufnahme mit viel Schnittarbeit und Aufwand in der Nachbearbeitung des Videos das Beste herausholen, aber sehr viel einfacher und rascher geht es, wenn die Aufnahme selbst bereits gut ist.

Natürlich gibt es auch, wie oft im Leben, Mittelwege. Bei Videos mit weniger Text bzw. sehr kurzen Textpassagen und einem geübten Sprecher, reicht es vielleicht auch, sich nur ein paar Stichworte zum Text bzw. zu den Szenen zu notieren.

Selbst wenn wir auf unser plakatives Beispiel mit dem Video des spielenden Kätzchens zurückkommen, sollten Sie zumindest überlegen, wobei genau Sie das Kätzchen filmen wollen (verschiedene Spielsequenzen oder nur eine), ob Sie und wenn ja, welchen Kommentar dazu abgeben wollen und ob Sie beim Kommentieren im Bild sichtbar sein wollen oder aus dem „Off" sprechen.

Natürlich können Sie auch beim Skripten Ihrer Ideen künstliche Intelligenz (z. B. ChatGPT) sinnvoll und zeitsparend einsetzen.

Abschließend möchte ich zu diesem Punkt noch anmerken: Das ist nur mein persönlicher Zugang zu diesem Thema. Für mich und mein Team funktioniert diese Vorgehensweise aktuell am einfachsten und besten. Es gibt sicher eine Menge anderer, die sehr viel erfolgreichere Kanäle betreiben und das ohne ihre Videos zu skripten.

Auf der Ressourcenseite zum Buch finden Sie auch Beispiele für Skripts meiner Videos.

Die Aufnahme

Bei der Aufnahme selbst gibt es einiges zu beachten, das Ihnen das Leben sehr viel einfacher macht und die Arbeit enorm erleichtern und verkürzen kann und wird. Nachfolgend die wichtigsten Tipps aus meiner eigenen Praxis.

In Blöcken abarbeiten

Machen Sie auch die Aufnahmen der Videos in Blöcken. Eine ganze Serie mit 10 Videos aufzunehmen, geht erstaunlich schnell und dauert nicht 10-mal so lange wie 10 einzelne Videos, sondern vielleicht nur 3- bis 5-mal so lange. Das hat einerseits mit den Vorbereitungsarbeiten zu tun, die für 10 Videos genauso lange dauern wie für eines. Doch auch beim Aufnehmen selbst sparen Sie viel Zeit, weil Sie dabei in einen sehr produktiven Arbeitsfluss gelangen.

Ablesen

Das vorhin besprochene Skripten Ihrer Videos ergibt natürlich nur dann Sinn, wenn Sie diese Skripts dann auch nutzen. Das können Sie auf zwei Arten machen. Die Professionellste wäre, einen Teleprompter zu benutzen, wie Politiker und Nachrichtensprecher im Fernsehen das manchmal tun. Damit können Sie auch längere Passagen in einer Sequenz aufnehmen. Der technische Aufwand dafür ist etwas höher (Sie müssen so ein Gerät anschaffen und es mit der Kamera / dem Smartphone so montieren, dass Sie es gut verwenden können und die Texte auf die Teleprompter-Software überspielen). Dafür sparen Sie sich Arbeit bei der Nachbearbeitung, weil Sie weniger „schlechte" Passagen herausschneiden müssen. Ich selbst mache das allerdings nicht so, sondern sehr viel einfacher.

Ich nehme die Texte in kurzen Sequenzen von 1 bis 2 Sätzen auf, die dann in der Nachbearbeitung zu einem Video gemacht werden und erspare mir so den technischen Aufwand mit dem Teleprompter. Gleichzeitig wirken die Videos so auch lebendiger, weil ich nicht ablese und es ohnehin abwechslungsreicher ist, wenn in einem Video – selbst wenn es kurz ist – mehrere Schnitte sind.

Diese kurzen Sequenzen schaffe ich dann so fehlerfrei, dass diese in der Nachbearbeitung problemlos verwendet werden können.

Klappe verwenden

Die Klappe kennen Sie sicher aus Filmen, in denen Filme gedreht werden. Es ist diese meist schwarze kleine Platte auf der steht, welche Sequenz gerade aufgenommen wird und die zu Beginn der Aufnahme in die Kamera gehalten wird. Und damit meine ich wirklich als Allererstes, die Klappe muss bereits vor der Kamera sein, bevor diese eingeschaltet wird, damit der Text darauf im Vorschaubild des Videofiles sichtbar ist. Durch diese Vorgehensweise mit der Klappe wird das Schneiden sehr viel einfacher, weil auf den ersten Blick klar ist, welche Sequenz in dem Video zu sehen ist.

Verwenden Sie unbedingt eine Klappe – ein Stück Karton oder Papier reichen dafür auch vollkommen aus. Schreiben Sie groß drauf, was auf dem folgenden Video zu sehen ist. Bei mir sind es meist 3 Dinge, die dort draufstehen:

- Der Name der Serie – z. B. „Verkäufertypen"
- Die Nummer der Folge – z. B. 7
- Die Rolle (wenn mehrere unterschiedliche Rollen in dem Video vorkommen) – z. B. Verkäufer

Halten Sie Ihre „Klappe" dann zu Beginn (damit sie auf dem Vorschaubild zu sehen ist) direkt in die Kamera.

Und das ist dann eine abgeschlossene Videosequenz, die oft nur ein paar Sekunden dauert. Dank der Information auf der Klappe können diese kurzen Sequenzen dann leicht und rasch in der richtigen Reihenfolge zu einem Video zusammengefügt werden.

Rollenweise aufnehmen

Wenn Sie mit mehreren Rollen in einem Video arbeiten, gibt es noch eine sehr wichtige Sache zu beachten, die Ihnen viel Zeit spart.

Nehmen Sie die Sequenzen rollenweise auf, d. h. zum Beispiel für alle 10 Videos einer Serie zuerst alle Kundensequenzen, dann alle Verkäufersequenzen – auch dann, wenn Sie alle Rollen selbst verkörpern. Das spart Zeit, weil Sie sich als Kunde möglicherweise umziehen müssen, damit Sie die Zuseher vom Verkäufer unterscheiden können.

Dasselbe gilt für die Rahmenbedingungen. Wenn zum Beispiel gewisse Passagen in Ihrer Serie immer an einem bestimmten Ort spielen, einen bestimmten Hintergrund haben oder andere spezielle Rahmenbedingungen erfordern, dann nehmen Sie auch diese Sequenzen geblockt auf. Das ständige Hin- und Herwechseln würde Sie unnötig viel Zeit kosten.

Das Nachbearbeiten

Vor dem Start unseres TikTok-Projektes hatte ich wenig Ahnung und keinerlei praktische Erfahrung von dem Nachbearbeiten von Videos. Das, was Sie an Know-how und Fähigkeiten dafür benötigen, können Sie allerdings in ein paar Stunden lernen. Der Rest ist Übung. Für Hollywood reicht das möglicherweise dann noch nicht, aber für Instagram-Reels oder YouTube-Shorts allemal.

Gleich vorweg, in diesem Buch eine detaillierte Anleitung zum Thema „Nachbearbeitung von Kurzvideos" zu geben, würde den Rahmen deutlich sprengen. Darüber hinaus ist ein Buch vermutlich auch nicht das beste Medium dafür. Einmal abgesehen von einem Coaching oder einem Seminar zu diesem Thema, sind Videos bestens dafür geeignet, sich die wichtigsten Fähigkeiten dafür anzueignen. Deshalb finden Sie auf der Ressourcenseite Links zu YouTube-Kanälen, wo Sie genau das lernen können.

Dennoch, ein paar grundlegende Tipps und Erkenntnisse aus meiner eigenen Praxis möchte ich Ihnen auch in diesem Buch mit an die Hand geben. Das Wichtigste dabei ist: keine Angst vor der Nachbearbeitung. Es ist keine Raketenwissenschaft und Sie können die komplette Nachbearbeitung auf Ihrem Smartphone machen (wie wir auch).

Die wichtigsten Dinge sind – dank einfach verwendbarer Software – ganz leicht umzusetzen. Eine Sammlung von Hinweisen und Links zur Technik (Software und Co.) finden Sie ebenso auf der Ressourcenseite.

Im Folgenden finden Sie die wesentlichen Schritte, so wie wir unsere Videos nachbearbeiten:

1. Meine Mitarbeiterin erhält die Rohvideos, die ich aufgenommen habe sowie die Skripts dazu. Ab diesem Punkt mache ich nichts mehr. Alles weitere habe ich ausgelagert.

2. Auf Capcut (die kostenlose Software, die von sehr vielen dafür verwendet wird) wird ein neues Projekt angelegt. Die Videosequenzen, die zu einer Folge einer Serie gehören, werden in das Projekt geladen.

3. Die Sequenzen werden in die richtige Reihenfolge gebracht – ganz einfach mit „Drag and Drop". Auch dafür ist ein Skript mit Regieanweisungen sehr hilfreich, vor allem für Videos, die komplexer sind als ein spielendes Kätzchen 30 Sekunden lang zu filmen.

4. Sequenz für Sequenz werden die überflüssigen Teile (meist Anfang und Ende der einzelnen Sequenzen) weggeschnitten. Auch zu lange Pausen dazwischen werden entfernt (Feinschnitt).

5. Dann werden die Untertitel automatisch eingefügt und (ggfs.) nachbearbeitet, vor allem dann, wenn zu viele Fehler darin vorkommen. Kleine Fehler, falsche Groß- oder Kleinschreibungen, werden von vielen oft auch nicht korrigiert, weil der Aufwand zu groß wäre, es perfekt zu editieren. Die Social-Media-Community– so habe ich den Eindruck – ist an solche kleinen Imperfektionen gewöhnt und sieht es den Creatoren nach, wenn der Inhalt gut ist.

6. Anschließend werden weitere Elemente wie GIFs, Bilder, Emojis und weitere Worte und Kurztexte eingefügt. Diese sind kein Muss, können aber Teil des typischen Rahmens einer Serie oder eines Kanals sein und zur Wiedererkennung beitragen.

7. Transitions (Übergänge zwischen den einzelnen Videosequenzen) oder Animationen von Bild- oder Texteinblendungen werden auch hinzugefügt.

8. Obwohl Musik meist erst beim Posten des Kurzvideos auf dem jeweiligen Kanal hinterlegt wird, kann diese auch bereits in Capcut beim Nachbearbeiten hinzugefügt werden. Das machen wir normalerweise nicht, zumal die Auswahl dort sehr überschaubar ist. Was wir aber sehr wohl machen: bestimmte Töne oder Geräusche (Soundeffekte – es gibt in manchen Apps eine Vielzahl von Möglichkeiten, aus denen man wählen kann), die für die Handlung des Videos wichtig sind (das Geschehen / Aktionen sollen akustisch hervorgehoben werden – wischen, aufploppen von Texten, Schläge etc.), beim Nachbearbeiten einzufügen.

9. Oft arbeiten wir auch mit dem Greenscreen-Effekt: Dabei werden Personen oder auch Gegenstände vor einen anderen Hintergrund gestellt. Wirkt besonders gut bei Rollenspielen in einer bestimmten Situation. Diese Hintergründe sind Fotos und somit muss auf das Copyright geachtet werden! Lizenzfreie Fotos / Bilder müssen daher vorher recherchiert werden.

10. Dann wird das fertige Projekt als Video heruntergeladen und abgespeichert und ist nur zur Verwendung auf dem Kanal der Wahl verfügbar.

Wie vorhin erwähnt, hängt der Zeitaufwand beim Nachbearbeiten sehr stark davon ab, welche Art von Videos es sind und wie „perfekt" das Ergebnis sein soll und beträgt dabei zwischen 5 und 60 Minuten für ein Kurzvideo. Mein Tipp dazu ist es definitiv nicht, mit der Perfektion zu übertreiben. Wenn das Thema auf Ihren Kanälen nicht gerade das Produzieren sensationeller Videos mit dem Smartphone (oder Ähnliches) ist, dann sollten Sie den Zeitaufwand beim Nachbearbeiten so gering wie möglich halten und diesen besser für die Kreation neuer, noch besserer Inhalte verwenden. Das Video als Endergebnis muss technisch gut genug sein, aber auch nicht unbedingt besser.

Das Posten

Wenn das Video fertiggestellt ist, dann bleibt nur noch eines zu tun: Es auf dem Kanal oder den Kanälen, die Sie bespielen, zu posten. Das können Sie entweder live, das heißt zum geplanten Zeitpunkt tun (oder jemanden machen lassen) oder das Posten mithilfe eines Softwaretools vorprogrammieren. Wenn es technisch machbar ist, hat das Vorprogrammieren natürlich Vorteile, da Sie Ihre Videos in wenigen Minuten für eine ganze Woche oder auch länger vorplanen können und sich dann nicht mehr darum kümmern müssen, dass diese gemäß Redaktionsplan gepostet werden.

Die meisten Plattformen haben inzwischen ihre eigenen Postingprogramme (Meta Business Suite für Instagram & Facebook, LinkedIn). Sogar TikTok bietet die Möglichkeit, jedoch ist hier nur mehr eine sehr eingeschränkte Funktionalität beim Posten verfügbar (Musik, Text ändern etc.). Es empfiehlt sich also in jedem Fall so viel wie möglich selbst / live zu posten.

Wie weiter vorne schon erwähnt lassen sich nicht alle Posts auf allen Plattformen vorprogrammieren. Bei den einzelnen Kanälen, auf denen Sie Ihre Videos posten, sieht das konkret wie folgt aus:

• Facebook

Bei Facebook konnen Sie via der Meta Business Suite Ihren Content vorplanen. Sie finden die Möglichkeit, Reels, Stories und Beiträge vorzuplanen. Zudem können Sie hier Ihre bezahlten Werbeanzeigen verwalten und auch schalten. Mit diesem Tool können Sie den Tag, die Art und den Zeitpunkt Ihrer Postings bestimmen. Somit lässt sich Content längerfristig vorplanen und automatisiert posten.

• Instagram

Hier gilt dasselbe wie für Facebook. Mit der Meta Business Suite lassen sich auch auf Instagram Reels, Stories und Beiträge vorplanen. Auch bezahlte Anzeigen sind über dieses Tool schaltbar und können verwaltet werden.

• TikTok

TikTok besitzt mittlerweile ebenfalls sein App-internes Tool zum Vorplanen von Kurzvideos ("Video- Scheduler"). Dieses Tool ist aber nur über den Webbrowser nutzbar und noch sehr spartanisch ausgestattet. Es bietet nicht alle Funktionen an, die Sie haben, wenn Sie Ihre Videos selbst und live posten. So kann zum Beispiel nicht auf die Musikbibliothek zugegriffen werden. Der Sound muss somit vorab schon bei der Erstellung des Videos in einer anderen Bearbeitungsapp hinzugefügt werden. Videos können hier mit dem Business-Profil bis zu 10 Tage im Vorhinein geplant werden.

• YouTube

Bei YouTube lassen sich die Standardvideos mittels des Creator Studios planen und automatisiert veröffentlichen. Hier werden unter dem Punkt "planmäßig" das gewünschte Datum und die Uhrzeit gewählt und die Plattform übernimmt das Posten. Auch YouTube-Shorts lassen sich mit einer ähnlichen Vorgehensweise vorplanen. Hier wird über die Schaltfläche "Sichtbarkeit festlegen" der Punkt "Planen" ausgewählt und die nötigen Daten eingestellt.

• X (vormals Twitter)

Zum Vorplanen von Tweets müssen Sie sich zunächst bei ads.twitter.com anmelden.

Danach navigieren Sie zum Tab „Creatives" > „Tweets" > "Neuer Tweet". Hier gelangen Sie zum Verfassen-Modus, bei dem man den Tweet erstellen kann. Fügen Sie hier Text, Fotos, Videos und Cards hinzu. Nach Wunsch kann hier nun auch „nur gesponsert" ausgewählt werden. Wählt man „nur gesponsert" aus, wird der Tweet nur für die Ziel-Nutzer von Kampagnen für Promoted Ads bereitgestellt, nicht organisch für deine Follower. Hebt man die Auswahl dieser Option auf, wird der Tweet zu einem organischen Tweet. Die Option „nur gesponsert" können Sie nur deaktivieren, wenn Sie bei einem Ads-Account angemeldet sind. Wählen Sie danach "Tweet" und den Punkt "Planen" aus dem Dropdown-Menü.

Nun können Sie sowohl Datum als auch Uhrzeit auswählen, zu denen Ihr geplanter Tweet live gehen soll.

• Pinterest

Pins lassen sich ebenfalls über die Plattform selbst planen und das bis zu 30 Tage via Android oder iOS im Vorhinein. Über den Desktop ist dies bis zu 14 Tage im Vorhinein möglich. Man kann zwar immer nur einen Pin auf einmal planen – insgesamt sind jedoch bis zu 100 möglich. Wählen Sie hier einfach während des Posting-Vorgangs "Später veröffentlichen" und planen Sie so den Pin je nach Ihren Wünschen ein.

• LinkedIn

LinkedIn bietet mittlerweile auch sein eigenes Tool zur Planung von Postings an. Die Plattform hält es hier auch so einfach wie möglich: Während des Posting-Vorgangs einfach über das Uhr-Symbol den gewünschten Tag und die gewünschte Uhrzeit angeben.

Sie sehen also, es hängt ganz davon ab, auf welchen Kanälen Sie tätig sind, wie sehr Sie Ihre Posts automatisieren und vorprogrammieren können. Nutzen Sie diese, wo und so gut es geht und überall dort, wo es nicht möglich ist, sollten Sie darüber nachdenken, an wen Sie dies auslagern könnten. Wenn Sie – so wie ich auch – immer auch noch gefühlt 100 andere Dinge zu tun haben und sehr stark im operativen Tagesgeschäft involviert sind, ist das Posten definitiv etwas, das Sie nicht selbst machen sollten.

Musik

Wenn Sie Ihre Videos mit Musik hinterlegen wollen, dann ist jetzt der Zeitpunkt gekommen, das zu tun, wenn Sie diese nicht bereits bei der Nachbearbeitung des Videos hinzugefügt haben. Meistens wird die Musik aber erst beim Posten ergänzt. Das hat auch damit zu tun, dass auf Instagram und TikTok eine extrem große Auswahl von Musikstücken und Sounds zur Verfügung steht, auf die Sie kostenlos zugreifen können. Facebook-Reels und Pinterest bieten ebenfalls Musik aus einer Bibliothek an.

Auf den übrigen Plattformen gibt es diese nicht, was bedeutet, dass Sie für diese die Musik bereits vorher, in Ihrem Videobearbeitungsprogramm hinterlegen müssten.

Doch auch dort, wo Musik großzügig und kostenlos angeboten wird, sind ein paar Dinge zu beachten. Wählen Sie (wo das möglich ist) nur Musik und Sounds, die für die gewerbliche Nutzung freigegeben sind. Damit sind Sie zumindest auf der sichereren Seite, was etwaige Urheberrechtsverletzungen betrifft. Ganz sicher sind Sie, wenn Sie ganz auf Musik verzichten oder nur solche verwenden, die Sie gekauft oder selbst produziert haben.

Vielleicht bin ich da etwas übervorsichtig, doch die Praxis zeigt, dass es bei der Nutzung von Musik und Bildern (für die im Übrigen dasselbe gilt) immer wieder zu urheberrechtlichen Problemen kommen kann. Und das kann manchmal sehr teuer enden. Daher, auf die Gefahr hin, mich zu wiederholen, nutzen Sie Musik nur, wenn Sie diese wirklich für Ihre Videos benötigen.

Caption / Begleittexte

Auf allen vorhin besprochenen Plattformen gibt es auch die Möglichkeit, einen Begleittext zum Video hinzuzufügen. Auf manchen (vor allem auf LinkedIn, Facebook und Pinterest) können Sie in diese Texte auch einen Link zu Ihrer Website, einen kostenlosen Download, einen Blogbeitrag oder Ähnliches einfügen.

Auch hier gilt wie so oft: In der Kürze liegt die Würze. Überlange Texte werden selten bis zum Schluss gelesen. Packen Sie die wichtigsten Infos prägnant zusammen. Die Empfehlung für die Länge der Captions seitens Meta (Facebook und Instagram) liegt bei 127 Zeichen.

Dort, wo Links in der Beschreibung möglich sind, können natürlich auch welche, passend zum Posting, eingesetzt werden. Gegebenenfalls sollten diese aber mit Bitly oder einer ähnlichen Software gekürzt werden.

ERFOLGSFAKTOREN FÜR KURZVIDEOS

Die spannende Frage, die mich immer wieder beschäftigt, ist: Warum sind manche Videos erfolgreich und andere wenig oder gar nicht erfolgreich? Was sind die Erfolgsfaktoren für Kurzvideos? Je besser Sie diese Frage beantworten können und Ihre Erkenntnisse dann in den Videos umsetzen, desto mehr Erfolg werden Sie mit Ihren Kurzvideos haben. Obwohl manche meiner Videos im Hinblick auf verschiedene Kriterien wie Reichweite oder Likes sehr erfolgreich waren bzw. immer noch sind, wage ich nicht zu behaupten, ich hätte diese Frage vollkommen schlüssig und allgemeingültig für mich, geschweige denn für die Videos anderer beantwortet.

Und doch kann ich sagen, dass es gewisse Kriterien gibt, die Ihre Videos erfolgreicher machen und ihnen größere Reichweiten und mehr Likes und Kommentare bringen werden. Nachfolgend finden Sie daher eine Auflistung relevanter Kriterien für den Erfolg von Kurzvideos. Die Reihenfolge hat dabei nichts mit der Wichtigkeit der einzelnen Kriterien zu tun.

Qualität des Videos

Das wichtigste Kriterium gleich vorab: Machen Sie möglichst gute Videos, die Ihre Zielgruppe fesseln. Die grundlegende Idee für das Video, der Inhalt ist dabei wichtiger als die technische Umsetzung. Genau darum geht es auch in diesem Buch. Alle weiteren Tipps und Tricks sind hilfreich, schaffen es aber nicht, mit einem schlechten Video eine tolle Performance hinzulegen.

Kontinuität

Kontinuität spielt eine wesentliche Rolle, wenn Sie erfolgreich mit Kurzvideos arbeiten wollen. Natürlich kann auch einmal ein einzelnes Video sehr erfolgreich sein, doch vor allem, wenn es um den Aufbau eines erfolgreichen Kanals geht, ist es unerlässlich, kontinuierlich neue Videos zu veröffentlichen, die möglichst viele der hier genannten Erfolgskriterien erfüllen.

Das hat einerseits damit zu tun, dass die Algorithmen, die auf den einzelnen Social-Media-Plattformen steuern, welche Videos wem wie oft gezeigt werden und welche wenig bis gar nicht zu sehen sind, – so heißt es – Videos von Creatoren, die kontinuierlich neues Material posten, bevorzugt behandelt werden. Auch die Menschen Ihrer Online-Community – die eigentlich Entscheidenden in diesem Spiel – schätzen es, wenn sie von Ihnen regelmäßig neue Videos zu sehen bekommen.

Wiedererkennbarkeit

Hand in Hand mit der Kontinuität geht auch die Wiedererkennbarkeit Ihrer Videos. Wenn man auf den ersten Blick sieht, dass es ein Video von einem bestimmten Creator bzw. aus einem bestimmten Kanal ist, hilft das dem Erfolg des Videos – immer vorausgesetzt, dass Videos aus dieser Quelle beliebt sind.

Hook

Unter einem Hook versteht man einen interessanten Beginn eines Videos, der dazu führt, dass die Betrachter nach ein paar wenigen Sekunden am „Haken" hängen und das Video idealerweise bis zum Schluss ansehen. Gerade bei Kurzvideos ist das ein extrem wichtiges Kriterium in einer Zeit, in der die Aufmerksamkeitsspannen beim Konsum von online Medien extrem kurz geworden sind.

Was gute Hooks sind und wie Sie diese in Ihren Videos einsetzen, damit werden wir uns in Kürze noch sehr ausführlich beschäftigen.

Ein „breites" Thema

Je besser Sie es schaffen, Ihr Video mit einem Thema zu verknüpfen, das sehr „breit" ist, d. h. viele Menschen möglichst stark interessiert, desto leichter erzielen Sie große Reichweiten. Breite Themen können etwa sein:

- die Fußball-WM oder Fußball ganz generell (in Deutschland zumindest),

- die Krönung des englischen Thronfolgers zum König,

- Naturkatastrophen,

- Abnehmen (breite Themen müssen sich nicht auf einen aktuellen Anlassfall beziehen, sondern können auch über lange Zeit hinweg aktuell sein).

... und das sind nur ein paar wenige Beispiele. Man könnte auch sagen, alles, was es schafft, in die Abendnachrichten oder vielleicht noch besser ins Frühstücksfernsehen zu kommen und dort vielleicht sogar über einen längeren Zeitraum zu bleiben, ist breit genug.

Naturgemäß gibt es dabei Themen, wo es Ihnen leichter und andere, wo es Ihnen schwerer fallen wird und wieder andere, wo es für Sie ein Ding der Unmöglichkeit ist, Ihre Inhalte und Botschaften mit diesem Thema zu verknüpfen. Ein Beispiel dazu:

- Ein kurzes Video mit einem Tipp, wie man Hunde dazu bringt, auf Kommandos zu hören, mag in der speziellen Zielgruppe schon durchaus erfolgreich sein.

- Wenn allerdings der Hund eines Rockstars bei einem öffentlichen Auftritt einen Reporter gebissen hat und Sie genau dazu ein Video mit einem Tipp drehen, wie Rockstars (oder auch Normalsterbliche) so etwas vermeiden, kann dieses Video unendlich viel mehr Reichweite erzielen.

Die Gefahr dabei besteht allerdings darin, dass Sie zwar Reichweite, neue Follower, Likes oder auf was immer Sie abzielen, mit der Strategie viel leichter erreichen, allerdings die Qualität dieser möglicherweise deutlich sinkt.

Was haben Sie von Followern, die zwar den Rockstar toll finden und Ihr Video deshalb geliked haben und Ihnen deshalb vielleicht sogar folgen, aber Hunde gar nicht mögen, geschweige denn einen besitzen? Bei der Anwendung dieser Strategie sollten Sie das daher immer im Auge behalten: Sie wollen nicht nur Follower und Fans, sondern vor allem solche aus Ihrer Zielgruppe.

Hashtags #

Über Hashtags (#) sind Videos zu verschiedenen Themen zielgerichtet auffindbar. Hashtags machen die Suche in den Sozialen Medien leichter. Hashtags einzusetzen, schadet nicht. Jedoch wird von Plattform zu Plattform der Einsatz teilweise immer weniger wichtig. Sie sollten zum Posting passen. Eine Mischung aus beliebten und seltenen Hashtags ist immer gut (nicht nur die trendigen verwenden). Am meisten werden sie am Ende des Textes in der Caption angegeben. Eine richtige/falsche Platzierung gibt es hier eigentlich nicht. Wenn Sie daher im Begleittext zu Ihren Kurzvideos passende Hashtags einfügen, werden Ihre Videos von den Menschen potenziell (an)gesehen, die nach diesen Begriffen per Hashtag suchen. In unserem vorigen Beispiel könnten solche passenden Hashtags etwa sein:

- Hundeabrichten
- Hundedressur
- Hundeabrichtung
- Hundeerziehung
- Name des Rockstars
- ....

Es kann sich dabei also um Hashtags handeln, die mit dem eigentlichen Thema „Hundeerziehung" zu tun haben, aber auch um andere, die mit dem Rockstar zu tun haben – der Name des Rockstars, der Name des Hundes des Rockstars (Rocky) – oder auch solche, die anlassbezogen entstanden sind wie #rockybeisst. Auch dabei besteht die Herausforderung, eine gute Mischung zwischen breitenwirksamen Suchbegriffen und solchen, die sehr punktgenau auf ein bestimmtes Thema abzielen, zu finden.

Tagging

Andere Social-Media-Nutzer bzw. -Betreiber von Kanälen zu erwähnen (zu taggen) kann auch zum Erfolg eines Videos beitragen.

Die Idee dahinter ist, dass der oder die Getaggte sieht, dass er / sie getagged wurde und auf Ihr Video reagiert, es liked, kommentiert oder vielleicht sogar teilt. Doch Achtung, diese Strategie wird des Öfteren auch übertrieben. Manche taggen Dutzende andere, die Sie oft nicht einmal persönlich kennen. Das führt nicht zum Erfolg, sondern verärgert und nervt die erwähnten Personen höchstens und ist somit kontraproduktiv.

Timing

Es kann einen großen Unterschied machen, ob Sie Ihr Video um 10 Uhr vormittags oder um 18 Uhr abends posten. Analysieren Sie daher, wann Ihre Zielgruppe am ehesten über ein bestimmtes Medium erreichbar ist. Dazu bieten die meisten Plattformen aussagekräftige Statistiken. Natürlich macht es dennoch Sinn, das einfach auch auszuprobieren und so herauszufinden, wann passende Zeitpunkte oder -räume für Ihre Posts sind.

Musik

Auch, wenn ich mich an anderer Stelle dem Einsatz von Musik gegenüber – hauptsächlich aus rechtlichen Gründen – eher kritisch äußere, kann die richtige Musik einem Kurzvideo zu deutlich mehr Reichweite verhelfen. Zu Musik würde ich dabei nicht nur wirkliche Musik, sondern auch alle Arten von Geräuschen und Sounds zählen.

Speziell die Nutzung von sogenannten „Trending Sounds" kann sehr hilfreich sein. Ein solcher Sound ist einer, der innerhalb kurzer Zeit sehr populär und von vielen Creatoren verwendet wird. Manchmal suchen Social-Media-Konsumenten auch nach Videos, die einen bestimmten Trending Sound verwenden und können so auch auf Ihr Video stoßen.

Der positive Effekt der Verwendung solcher Sounds kommt aus meiner Sicht aber vor allem bei bestimmten Formaten zum Tragen. Oft sind das solche, bei denen zur Musik passend, bestimmten Bewegungen (meiste mit den Fingern, Armen oder auch dem gesamten Körper) durchgeführt werden. Wenn Sie einfach nur einen Monolog in die Kamera sprechen, halte ich den Nutzen von Trending Sounds für nicht entscheidend.

Humor

Wie in so vielen anderen Bereichen des Lebens auch, ist Humor ein wichtiger Erfolgsfaktor für Ihre Kurzvideos. Das bedeutet nicht, dass alle Ihre Videos lustig sein müssen. Es gibt jede Menge erfolgreicher Kurzvideos, die überhaupt nicht lustig sind. Das heißt, es geht auch ganz ohne Humor. Aber wenn Sie es schaffen, ein wenig passenden Humor Ihren Videos zumindest beizumischen, ist das für die Performance dieser sehr hilfreich.

Doch Achtung: Die Betonung liegt auf „passendem" Humor. Zwanghaft lustig sein zu wollen endet nur allzu oft damit, dass es peinlich statt lustig wird. Und ordnen Sie dem Humor auch nicht den Fokus auf Ihre Zielgruppe unter. Was bringt es Ihnen, wenn Sie ein Kurzvideo produzieren, das zwar sehr lustig ist und eine tolle Reichweite erzielt, aber wenig bis nichts mit Ihrem eigentlichen Thema zu tun hat.

Call-to-Action (CTA)

Last but not least ist es auch entscheidend, womit Ihre Videos enden. Hören Sie einfach nur auf, wenn der letzte Satz gesagt ist, oder gibt es eine Handlungsaufforderung am Schluss, eine sogenannte Call-to-Action. Es hat sich bewährt, den Menschen, die ihr Video anschauen, zu sagen, was sie tun sollen. „Wissen die das nicht selbst bzw. können sie das nicht selbst entscheiden?", könnte man fragen. Ja, sollten sie und können sie natürlich, und doch ist es hilfreich, an der richtigen Stelle einen Schubs zu geben, um die Wahrscheinlichkeit, dass die Betrachter des Videos am Ende auch die von Ihnen gewünschte Handlung setzen, zu erhöhen.

Wenn 1.000 Menschen Ihr Video anschauen und Sie am Ende zum Beispiel etwas sagen wie „Wie siehst du das? Schreibe es in den Kommentar!", dann werden das natürlich nicht alle, sondern nur ein kleiner Prozentsatz von den 1.000 Menschen auch tun. Aber – und das ist wichtig – es werden tendenziell ein paar mehr sein, als wenn Sie es nicht sagen.

Dennoch müssen und sollten Sie wahrscheinlich nicht jedes Video mit einer Call-to-Action schließen.

Auch das könnte störend sein. Und wenn Sie Calls-to-Action einsetzen, dann sollte es auch nicht immer derselbe sein. „Variatio delectat – Abwechslung erfreut", wie die alten Römer bereits wussten.

Eine umfassende Liste von Calls-to-Action, die Sie für Ihre Videos verwenden können, finden Sie im zweiten Teil des Buchs, wo es um konkrete Ideen für Ihre Videos geht.

Zusammenfassend kann man sagen, dass Ihre Videos umso erfolgreicher performen werden, je mehr Sie es schaffen, möglichst viele dieser Kriterien bei der Produktion und der Verteilung Ihrer Videos zu berücksichtigen. Es kann dabei auch gut sein, dass bei einem einzelnen Video ein einzelner Faktor so extrem gut umgesetzt wurde, dass dieses sehr gut performt, obwohl viele andere dieser Kriterien vernachlässigt wurden.

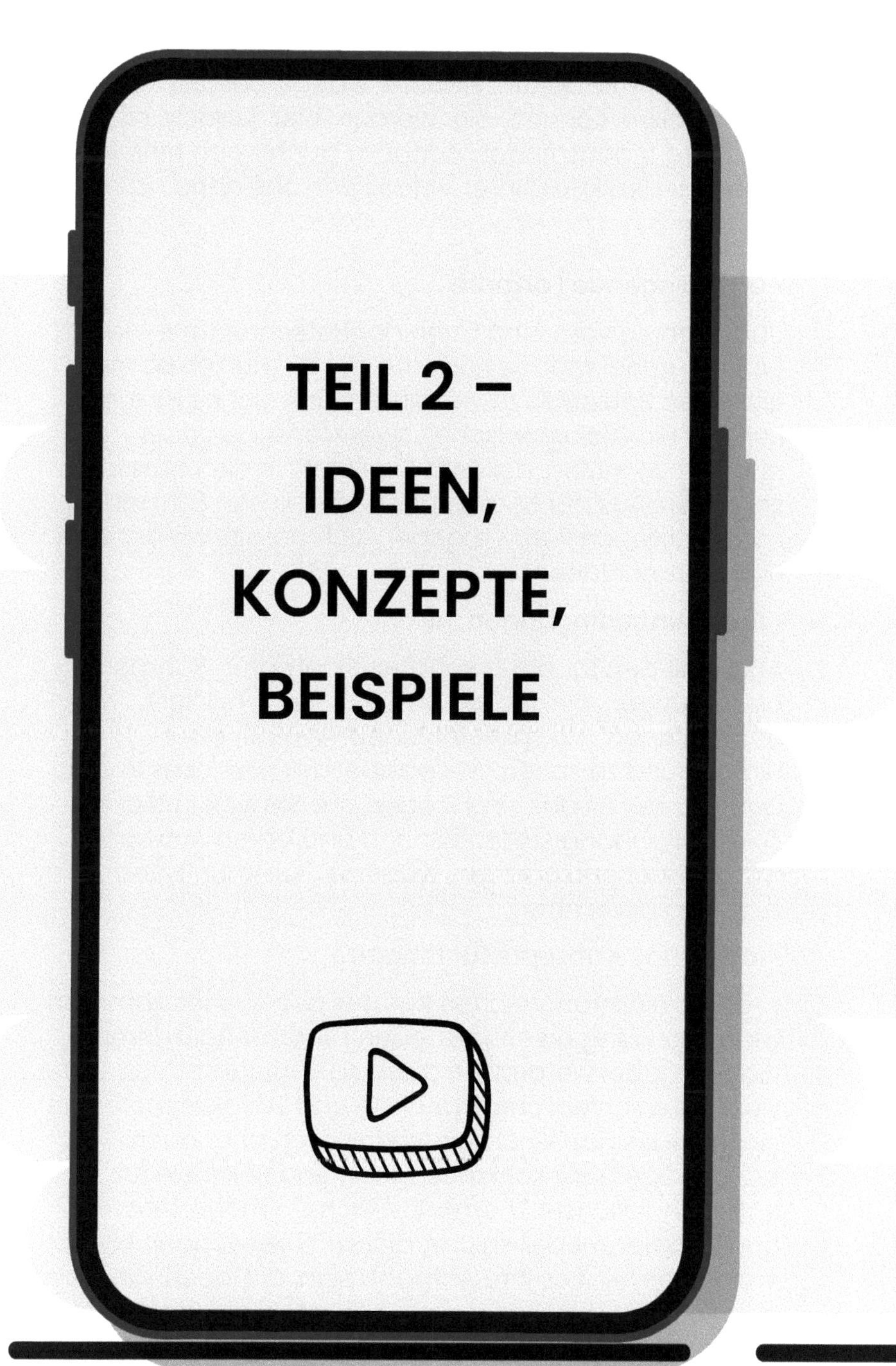
TEIL 2 –
IDEEN,
KONZEPTE,
BEISPIELE

Jetzt sind wir im oft angesprochenen zweiten Teil des Buches angelangt. Hier geht es jetzt endlich um die konkreten Ideen und Konzepte, mit denen Sie Ihre Videos befüllen und zum Leben erwecken können. Sie werden hier jedoch nicht nur Ideen für Ihre Videos finden, sondern auch noch eine Menge mehr, das für den Erfolg Ihrer Videos entscheidend ist. Konkret sind das:

• Grundlegende Formate

Unabhängig vom Inhalt, von der Botschaft Ihrer Videos, gibt es grundlegende Formate, die Sie nutzen können, um diese Botschaft zu vermitteln. Ein solches ist zum Beispiel ein Dialog zwischen zwei Menschen oder auch ein Monolog, bei dem Sie selbst in die Kamera sprechen. Aus der Kombination von diesen Formaten mit inhaltlichen Ideen ergeben sich bereits wieder eine Menge mehr Ideen.

• Rahmenbedingungen

Auch mit den für die Zuschauer sichtbaren Rahmenbedingungen werden wir uns in diesem Teil kurz beschäftigen. Wo spielt Ihr Video? Was ist im Hintergrund zu sehen? Was haben Sie an? Ist es immer dasselbe? – All das sind Fragen, die Sie sich in diesem Zusammenhang stellen können und deren Antworten mit darüber entscheiden, was Ihre Community letztlich zu sehen bekommt.

• Ideen und Konzepte für Inhalte

In diesem umfangreichen Kernteil des Buches kommen wir zu den lang ersehnten Ideen für die Inhalte Ihrer Videos. Dabei werden Sie diese so vorfinden, dass sie für viele unterschiedliche Branchen und Tätigkeitsbereiche einsetzbar sind. Gleichzeitig bringe ich aber auch jede Menge ganz konkreter Ideen und Beispiele für unterschiedlichste Themenbereiche – möglicherweise auch immer wieder solche, die Sie 1:1 verwenden können. Ansonsten wird es Ihre Aufgabe sein, die Ideen, die Ihnen gefallen und die passend sein könnten, auf Ihre Themen anzupassen.

• Hooks

Auch, was die Hooks betrifft müssen Sie nicht mehr alle selbst (er)finden. Das habe ich bereits für Sie gemacht bzw. viele andere Creatoren und Kanalbetreiber, von denen ich mich habe inspirieren lassen. In diesem Abschnitt finden Sie eine der umfangreichsten Sammlungen von Hooks, um Ihre Videos gleich von Beginn an interessant zu machen und die Zuseher zu fesseln. Sie brauchen nur noch zugreifen und können mit ganz unterschiedlichen Hooks herumexperimentieren.

• Calls-to-Action

Und zu guter Letzt finden Sie auch alle Calls-to-Action aufgelistet, die üblicherweise für Kurzvideos in den Sozialen Medien verwendet werden – und auch ein paar, die ein wenig ungewöhnlich und unüblich sind.

Sie sehen also, es ist schon alles vorhanden und wartet darauf, dass Sie es entdecken und dann aus den einzelnen Elementen – wie in einem Baukasten – etwas machen, das perfekt zu Ihnen passt und das Sie sehr erfolgreich einsetzen können.

Ich weiß, ich wiederhole mich, doch ich weiß auch, dass nicht alles, was man liest, auch bewusst wahrgenommen wird, geschweige denn im Gedächtnis bleibt: Im Ressourcenteil des Buches finden Sie zu vielen der Ideen in diesem Teil des Buches konkrete Praxisbeispiele, Videos, in denen genau das bereits (erfolgreich) umgesetzt wurde. Diese werden Ihnen helfen, auf noch mehr bzw. andere Ideen zu kommen. Werfen Sie daher immer wieder einmal einen Blick auf diese Seite.

GRUNDLEGENDE FORMATE FÜR KURZVIDEOS

Bevor wir uns im zweiten Teil des Buches mit konkreten Ideen für Videos aller Art beschäftigen, möchte ich zuerst die Grundformate für Kurzvideos, die auf Social Media erfolgreich sind und auch für Sie sein können, erklären. Diese Formate können dann mit den verschiedenen inhaltlichen Ideen kombiniert werden. Aus dieser Kombination entstehen dann sehr konkrete Ideen für Ihre Branche und Ihr Business. Doch auch die Formate selbst sind miteinander oft gut kombinierbar und mischbar.

Ein Beispiel, um klarer zu machen, was ich meine: Ein ganz einfaches Format ist das eines Dialoges. Zwei Menschen sprechen miteinander. Ein anderes ist jenes des Experten (Sie zum Beispiel), der frontal in die Kamera spricht. Ein Expertentipp (ein möglicher Inhalt) könnte in Form eines Dialoges aufbereitet werden oder auch frontal vom Experten in die Kamera gesprochen werden. Oder aber Sie kombinieren die beiden Formate in einem Video, wie ich es selbst auch immer wieder mache. Dabei gibt es dann einen Dialog – z.B. zwischen einem Kunden und einem Verkäufer – und der Experte kommentiert danach bzw. zwischendurch dieses Gespräch, analysiert und gibt Verbesserungsvorschläge.

Wie Sie sehen, lassen sich bereits allein aus der Kombination dieser Formate eine Menge unterschiedlicher Ideen kreieren. Bereits daraus wird klar, dass Sie keinen Mangel an Ideen für Ihre Videos haben werden.

Nachfolgend nun in einem ersten Schritt die Liste mit einer Reihe von Formaten, derer Sie sich für Ihre Kurzvideos bedienen können. Manche davon werden sich für Ihr Business besser eignen als andere. Sie werden bei jedem Format auch Beispiele auf der Ressourcenseite zum Buch finden, von denen Sie sich weitere Inspirationen und Ideen für Ihre Videos holen können.

1. Monologe

Mehr oder weniger frontal in die Kamera zu sprechen – sitzend oder auch stehend – ist vermutlich die einfachste Form, Ihr Video zu produzieren. Dazu gibt es nicht viel weiter zu erklären.

Eine Variante dazu ist es, während des Sprechens zu gehen. Das kann Ihr Video optisch durchaus interessanter machen, ist aber ein wenig schwieriger zu produzieren, was Ton und Kameraführung betrifft. Gleichzeitig soll Sie das aber nicht davon abhalten, diese Variante einzusetzen. So kompliziert ist die Umsetzung auch nicht, wie viele Beispiele zeigen.

Vorteile

Diese Art von Format ist sehr einfach umzusetzen. Sie sprechen Ihren Text einfach in die Kamera und wenn Sie es schaffen, diesen in ausreichender Qualität und lückenlos in einem durchzusprechen, dann brauchen Sie diesen danach nicht einmal zu schneiden (außer die Enden wegzunehmen). Dadurch können solche Videos auch sehr rasch produziert werden.

Nachteile

Dieses Format ist für die Zuseher nicht sonderlich spannend. Wir sind sehr verwöhnt bzw. abgestumpft, wenn wir uns durch Instagram-Reels oder TikTok-Videos scrollen. Da wird viel geboten, teilweise auch wirklich Spektakuläres. Bei jemandem, der einfach nur dasitzt und frontal in die Kamera spricht, wird ganz rasch weitergescrollt. Da müssen Sie schon mit einem sehr guten Hook zu Beginn arbeiten, damit die Besucher bei Ihrem Video hängenbleiben.

Geeignet für

Dieses Konzept ist im Prinzip für jeden geeignet, der Kurzvideos für Social Media produziert. Insbesondere für alle Experten – Angestellte oder Selbstständige – ist das mit ziemlicher Sicherheit ein Format, das auch zum Einsatz kommen wird. Vor allem für diejenigen bietet es sich an, die wenig oder gar nichts zu zeigen, sondern vieles zu erklären haben.

Beispielhaft könnten das sein:

- Berater, Trainer und Coaches aller Arten aus den Bereichen:
    - » Marketing
    - » Verkauf
    - » Recht
    - » Steuern
    - » Ernährung (wobei sich hierbei andere Konzepte noch besser eignen)
    - » Dating
    - » Startup und Unternehmertum
    - » Psychologie und Therapie

... und das sind lange nicht alle.

Meine Empfehlung für diese Zielgruppen ist es, dieses Format zumindest ab und an zu nutzen.

2. Die Kunstfigur

Deutlich spannender als nur einfach als Sie selbst in die Kamera zu sprechen, ist es, eine Kunstfigur zu erschaffen, ein Alter Ego, unter dem Sie (oder auch eine andere Person) im Video auftreten. Typischerweise hat diese Kunstfigur einen (Künstler-) Namen oder eine passende Bezeichnung. Das kann (aber muss nicht) so weit gehen, dass Sie sich verkleiden, wenn Sie in die Rolle dieser Figur schlüpfen. Im Extremfall so sehr, dass Sie gar nicht mehr als Sie selbst erkennbar sind.

Ein gutes Beispiel dazu ist Clark Kent, der, wenn Hilfe gefragt ist und Menschenleben oder sogar die Welt zu retten ist, zu Superman mutiert (wobei ich mich immer gefragt habe, warum seine Freunde und Kollegen ihn nicht dennoch erkennen). Viele der Superhelden funktionieren auf Basis dieser grundlegenden Idee. Ich selbst nutze Kunstfiguren in Form von Rollen, in die ich schlüpfe. Zum Beispiel habe ich eine Serie mit unterschiedlichen Verkäufertypen produziert, die gewissermaßen Kunstfiguren darstellen.

Was ich (bis jetzt) selbst noch nicht geschaffen habe, ist eine durchgängige Kunstfigur. Wenn Sie eine Kunstfigur für sich selbst schaffen, dann sollten Sie diese über alle von Ihnen genutzten Kanäle verwenden. Unterschiedliche Kunstfiguren für verschiedene Kanäle und Medien wären definitiv zu verwirrend.

Sonderformen, Avatare und KI kreierte Persönlichkeiten

Eine besondere Variante der Kunstfigur könnte auch ein Avatar sein, eine grafische Darstellung, die eine echte Person repräsentiert. Dank moderner Technologie und künstlicher Intelligenz können solche Avatare heutzutage auch mit vertretbarem grafischem Aufwand erstellt und eingesetzt werden. Besonders für (größere) Unternehmen kann ein Avatar eine interessante Variante sein.

Ein spezielles Format, dessen Nutzung in letzter Zeit massiv zugenommen und das man auch im Zusammenhang mit Avataren nutzen kann, sind von künstlicher Intelligenz kreierte Videos, auf denen ein Mensch – meist eine bekannte Persönlichkeit (lebend oder auch historisch) – spricht und seine eigene Geschichte erzählt.

So genutzt könnte dieses Format natürlich für einen Geschichtskanal eingesetzt werden oder für einen Wissenschaftskanal, auf dem den Besuchern von Menschen wie Albert Einstein, Nicola Tesla oder auch Madame Curie naturwissenschaftliche Erkenntnisse in einfacher Form vermittelt werden.

Doch auch darüber hinaus ist diese Variante des Avatars auch für andere Zwecke und Kanäle nutzbar. Stephen Hawkins könnte natürlich, statt die Unendlichkeit des Universums zu erklären, den Besuchern auch die neuesten Smartphone-Hacks nahebringen oder Jack the Ripper Grillrezepte. Der Phantasie sind durch die rasant voranschreitende Entwicklung künstlicher Intelligenz immer weniger Grenzen gesetzt.

Tools, mit denen Sie das bewerkstelligen können, sowie Beispiele, finden Sie auf der Ressourcenseite.

Beispiele:

• Professor Finanzen

Professor Finanzen geht ganz in seinem Alter Ego mit der typischen Schirmkappe auf. Der Mensch dahinter ist nicht sichtbar, auch durch eine einfache Recherche nicht. Er gibt Tipps rund um das Thema Geld für ein breites Zielpublikum.

• De bad Mom

Verena Wessels-Knopper berichtet aus ihrem Alltag als Ehefrau und Mutter und nimmt dabei ihr Umfeld und vor allem auch sich selbst auf die Schaufel und nicht allzu ernst. Das begeistert viele treue und sehr interaktive Follower und Fans.

Vorteile

Kunstfiguren, vor allem solche, die Sie über einen längeren Zeitraum in derselben Form verwenden, haben den Vorteil, dass Ihre Wiedererkennbarkeit steigt und Ihre Kunstfigur ein gewisses Eigenleben entwickeln kann. Die Kunstfigur könnte auch konträr zu Ihnen als echte Person sein – Ihre dunkle oder zumindest ganz andere Seite sozusagen. Im Vergleich zu Ihnen als Person sind der Kunstfigur weit weniger Grenzen gesetzt. Auch als Unternehmen ist diese Möglichkeit ein interessanter Ansatz. So kann sich ein Unternehmen über diesen Weg als Person darstellen und so einen viel persönlicheren Zugang zur Zielgruppe finden.

Nachteile

Wenn die Kunstfigur nicht an sich besonders auffallend ist, kann auch dieses Format relativ langweilig sein. Das heißt, eine normale Kunstfigur allein ist noch keine Garantie dafür, aufzufallen und eine größere Reichweite zu erhalten. Es kommt immer noch vor allem auf die Inhalte Ihrer Videos an, darauf, was die Kunstfigur sagt oder macht. Bevor Sie sich an Avatare wagen, die durch künstliche Intelligenzen kreiert werden, wägen Sie gut ab, ob Sie sich diese High-Tech-Variante antun wollen oder nicht doch lieber einen Menschen (sich selbst in den meisten Fällen) als Kunstfigur einsetzen wollen.

Geeignet für

Genauso wie das Format, dass Sie selbst frontal in die Kamera sprechen, ist auch das Format der Kunstfigur für (fast) alle geeignet, die mit Kurzvideos auf Social Media arbeiten wollen. Das „fast" ist deshalb als kleine Einschränkung hinzugefügt, da die Wahl und Gestaltung der Kunstfigur oder des Avatars mit Fingerspitzengefühl gemacht werden sollte. Es könnte passieren, dass dabei die Kreativität ausufert und das Ergebnis statt wie geplant lustig nur peinlich ist.

3. Wechselnde Personen im Bild

Statt immer dieselbe Person als Konstante in Ihren Videos zu haben (oft Sie selbst oder eine Kunstfigur bzw. einen Avatar) kann die Konstante auch sein, dass Sie immer wieder einen anderen Menschen vor die Kamera lassen. Diese Anderen Menschen könnten etwa Mitarbeiter (bei größeren Unternehmen) oder auch Kunden sein. Was diese dann jeweils inhaltlich sagen, dafür gibt es wieder viele Möglichkeiten, die wir uns etwas später bei den Inhaltsideen ansehen.

Dadurch, dass es bei diesem Grundkonzept viel Abwechslung seitens des Präsenters gibt, ist es besonders wichtig, dass Sie durch einen Rahmen (räumliche Gegebenheiten etc.), ein Thema, das sich durchzieht oder den Ablauf der Videos, der immer ähnlich bis gleich ist, die Wiedererkennbarkeit und Konstanz für den Betrachter sicherstellen.

Vorteile

Dadurch, dass immer wieder neue und andere Personen zu sehen sind, ist für Abwechslung gesorgt, wobei gleichzeitig, wie erwähnt, für Konstanz durch den gleichbleibenden Rahmen, dasselbe Thema oder auch dieselbe bildliche Darstellung gesorgt ist.

Nachteile

Durch den ständigen Wechsel der Personen im Video läuft man Gefahr, den Fokus zu verlieren und die Betrachter zu verwirren.

Es könnte passieren, dass die sofortige Wiedererkennbarkeit („Ah das ist der …") darunter leidet. Um das zu vermeiden, braucht es ein sehr gutes und passendes inhaltliches Konzept.

Beispiele

Die Online-Marketing-Agentur ithelps setzt ihre Videos nach diesem Konzept um. Dabei kommen die Chefs (Sebastian und Florian Prohaska) aber auch wechselweise Mitarbeiter als Hauptdarsteller ins Bild. Ein positiver Nebeneffekt dabei ist jener, dass gezeigt wird, dass die Agentur nicht nur eine One-Man-Show, sondern auch für größere und große Unternehmen ein ernstzunehmender Partner ist.

Geeignet für

Dieses Format ist vor allem für Unternehmen mit vielen Mitarbeitern geeignet, die sich als Einzelpersonen vor der Kamera einsetzen lassen. Für Firmenkunden ohne „Gesicht" eignet sich dieses Format weniger gut.

Gleichzeitig ist es aber auch für kleine Unternehmen, kleine Dienstleister zum Beispiel, die viele (kleinere) Kunden haben, sehr gut einsetzbar. So könnte zum Beispiel

- ein Friseur,
- eine Visagistin,
- eine Stilberaterin,
- ein Optiker
- oder jeder andere, der das Aussehen seiner Kunden innerhalb kurzer Zeit sichtbar verändert

potenziell mit jedem seiner Kunden ein „vorher / nachher" oder auch „making of"-Video machen.

4. Dialoge

Dialoge zwischen zwei oder auch Gespräche von drei oder mehreren Menschen, sind ein extrem erfolgreiches Grundkonzept. Meine eigenen erfolgreichsten Videos (mit 100.000den oder sogar Millionen Reichweiten) basieren genau darauf. Wobei ich dabei eher zum Zwiegespräch raten würde (zumindest, wenn Sie noch keine Erfahrung mit Videos dieser Art haben), da jede weitere Person die Komplexität in der Erstellung erhöht. Je nachdem, was Sie verkaufen oder in den Videos kommunizieren wollen, könnten es zum Beispiel folgende Interaktionen sein:

- Kunde – Verkäufer
- Chef – Mitarbeiter
- Potenzieller Arbeitgeber – Bewerber
- Polizist – Verkehrsteilnehmer
- Einkäufer – Lieferant
- Eltern – Kinder
- Kollege – Kollege
- Tierbesitzer – Tier
- Hausmeister – Bewohner
- Ehefrau – Ehemann

Dabei können Sie natürlich Ihre Videos jeweils aus der Perspektive des einen oder auch des anderen erstellen. Es ist etwas anderes, ob Sie als Elternteil Videos zum Thema Kindererziehung machen oder als 13-Jährige welche zum Umgang mit überbesorgten oder nervigen Eltern.

Wenn ich raten müsste, würde ich dem zweiten Konzept deutlich bessere Chancen einräumen, hohe Reichweiten und viele Interaktionen zu erzielen. Dabei können Sie entweder selbst beide (bzw. alle) Rollen spielen oder auch andere Personen mit ins Bild bringen. Wenn Sie selbst in verschiedene Rollen schlüpfen, dann sollten Sie das auch für die Zuseher erkennbar machen, indem Sie sich entsprechend umziehen oder verkleiden.

Jede Rolle sollte klar und einfach erkennbar sein. Ein kleiner Tipp, der Ihnen die Produktion der Videos für dieses Format sehr erleichtert: Drehen Sie alle Sequenzen, in der Sie in einer Rolle sind, auf einmal. So müssen Sie sich nicht andauernd umziehen. Tun Sie das aber in separaten Videos, das erleichtert die Nachbearbeitung ungemein.

Dialoge mit unsichtbaren Zweiten

Eine Variante davon ist jene, dass die zweite Person im Bild nicht zu sehen, sondern nur zu hören ist. Dadurch wird die Erstellung des Videos deutlich vereinfacht, ohne dass Sie den kompletten Reiz des Zwiegespräches verlieren. Ganz im Gegenteil können Ihre Videos dadurch, dass die Zuseher sehen, wie die Person, die die ganze Zeit über zu sehen ist, auf die Worte oder Aktivitäten der anderen Person reagiert, noch an Unterhaltungswert gewinnen.

Beispiele

Der italienische Komiker Joe Di Nardo unterhält mit Kurzvideos, in denen er Dialoge mit unsichtbaren Zweiten führt. Dabei nimmt er die Aussprache der Deutschen aufs Korn, wenn es um italienische Worte geht. Und das sehr erfolgreich, was Reichweite und Followerzahlen betrifft.

Vorteile

Einer der größten Vorteile von Dialogen ist, dass diese von Beginn an interessanter wirken als Monologe. Es gibt mehr Abwechslung und Sie können Gespräche aus dem Alltag, aus dem Bereich, um den es Ihnen geht, nachstellen. Sie haben mit diesem Format auch Möglichkeiten, die Sie in einem Monolog nicht haben.

Nachteile

Dialoge sind etwas aufwändiger umzusetzen als Monologe. Sie brauchen dafür entweder andere Personen oder müssen selbst in verschiedene Rollen schlüpfen.

Geeignet für

Auch Dialoge sind für sehr viele Bereiche auf Social Media extrem gut einsetzbar. Sie eignen sich sowohl für kleine Unternehmen und Selbstständige als auch für große Unternehmen. Situationen, in denen zwei oder mehrere Menschen miteinander reden, gibt es schließlich überall. Sie können sehr viele der Monologformate mit ein wenig Kreativität auch als Dialog darstellen.

5. Interviews

Auch eine Form des Dialogs, aber dennoch etwas ganz anderes in ihrer Wirkung, sind Interviews. Dabei kann es sich um echte Interviews aus TV-Produktionen oder Ähnlichem handeln, oder aber es sind Interviews, in denen Situationen nachgestellt werden, die an TV-Produktionen erinnern. Das können Studio- oder Vor-Ort-Situationen sein. Als Interviewer kann dabei im Prinzip jeder dienen, der zum Gesamtkonzept passt. Es könnte sogar ein echter Reporter oder Moderator sein, den man aus dem TV kennt oder ein VIP oder Promi, der thematisch zu Ihnen und Ihrem Angebot passt.

Vorteile

Interviews sind relativ leicht umsetzbar. Die Vorbereitung ist einfach. Man benötigt dafür nur jeweils eine Frage und eine Antwort pro Kurzvideo. Auch der Dreh des Videos fällt vielen sehr viel leichter, die sich mit Monologen, bei denen sie frontal in die Kamera blicken, noch schwertun. Interviews wirken auch oft lockerer. Durch die Wahl des richtigen Rahmens – einem echten TV-Studio oder etwas, das dem ähnlich sieht – wird auch noch die Glaubwürdigkeit deutlich erhöht. Wenn Sie das noch steigern wollen, können Sie einen prominenten Interviewer (einen echten TV-Moderator oder VIP) dafür buchen.

Nachteile

Das Format des Interviews hat keine speziellen Nachteile. Einzig, wenn Sie einen prominenten Interviewer engagieren wollen, erhöht das Ihre Produktionskosten.

Geeignet für

Das Interview-Format ist geeignet für alle Experten, die auch sonst zu bestimmten Themen nach Ihrer Expertenmeinung gefragt werden. Das können einerseits selbstständige Experten sein, wie z. B. Berater und Trainer in den unterschiedlichsten Themenbereichen (dieselben, die beim Format „Monolog" angeführt sind).

6. Der unsichtbare Sprecher

Ein Format für alle, die sich nicht unbedingt auf dem Video zeigen wollen oder aus irgendwelchen Gründen nicht zeigen können, ist ein Video mit einem Sprecher, der nicht zu sehen ist (aus dem „Off" spricht). Dieses Format ist medial sehr verbreitet. Bei jeder Tagesschau, bei der die Mitschnitte von Ereignissen gezeigt werden, werden diese meist aus dem „Off" kommentiert.

Das bedeutet, Ihre Videos könnten sich damit auch an der Idee des Tagesschau-Formates anlehnen. Natürlich lässt sich dieses Format mit vielen der anderen Formate, die wir bereits besprochen haben, gut kombinieren.

Ein Mittelweg wäre es, den Sprecher oder die Sprecherin zwar zu zeigen, aber so, dass man das Gesicht nicht sieht (den Kopf gar nicht filmt oder die Person nur von hinten zu sehen ist). Das könnte auch zu Ihrem ganz eigenen „Stil" werden und einen Wiedererkennungsfaktor haben (so seltsam das klingt, wenn man die Person doch nicht sieht).

Diese Idee wäre zum Beispiel auch dann sinnvoll einsetzbar, wenn man eine „Aura des Geheimnisvollen" aufbauen will und die Zuseher im Ungewissen lassen will, wer sich dahinter wohl verbirgt.

Vorteile

Es gibt relativ viele Menschen, die zwar Kurzvideos für ihr Marketing nutzen wollen, aber Scheu davor oder auch Abneigung dagegen haben, sich zu zeigen. Für all diejenigen kann dieses Format ein Weg sein, Videos einzusetzen.

Auch die Produktion ist einfacher, da der Text durchgehend und fehlerfrei abgelesen werden kann und so die Nachbearbeitung deutlich einfacher wird.

Nachteile

Menschen wollen tendenziell lieber Menschen sehen als nur Stimmen hören, die etwas kommentieren. Dieses Format ist daher nicht unbedingt das Format, das am meisten Aufmerksamkeit oder Sympathie bringt oder persönliche Bindung erzeugt. Für all diejenigen, die sich als klassische Personal Brand vermarkten wollen, die so gesehen davon leben, dass man sie sieht und wieder(erkennt), ist dieses Format nicht geeignet.

Geeignet für

Sie sollten das Format nur dann einsetzen, wenn es einen ganz bestimmten Grund dafür gibt (wie oben erwähnt), wobei gar nichts dagegen spricht, einen Teil eines Videos so zu gestalten. Gut geeignet ist es für all diejenigen Unternehmen und Unternehmer, die viel zu zeigen haben und das kommentieren können. Das könnten zum Beispiel sein:

- Gärtner und Floristen
- Künstler
- Immobilienmakler
- Handwerker aller Art
- Grafiker
- Architekten und Baumeister
- Inneneinrichter und Möbelhändler
- Autohersteller und -händler

Alle also, die physische Produkte verkaufen, herstellen (der Produktionsprozess kann dafür sehr ergiebig sein und viel Material liefern) oder verkaufen, können mit diesem Format (zusätzlich zu anderen) sehr gut arbeiten. Und natürlich eignet es sich als Beimischung zu Dialogen oder Monologen innerhalb desselben Videos.

7. Stumme Videos

Dieses Format geht noch einen Schritt weiter in Sachen Reduktion. Obwohl in Social-Media-Videos Musik und Sprache ein grundlegender und wichtiger Faktor sind, sind beide kein Muss, um erfolgreiche Videos zu produzieren. Sie können auch einfach Ihren Text in ein Bild packen und aus diesem Bild ein Video machen. Technisch ist das einfach möglich. Obwohl es nicht das Format wäre, das ich Ihnen als erstes empfehlen würde, gibt es doch Kanäle, die genau mit diesem Format sehr hohe Reichweiten erzielen. Wenn Sie auf Musik und Sprache komplett verzichten, wird der Inhalt Ihrer Videos umso wichtiger. Sie müssen es in diesem Fall schaffen, absolut überzeugende und spannende Inhalte zu vermitteln.

Eine nicht ganz so puristische Form wäre es, die Sprache wegzulassen, Ihr Bild aber mit Musik oder sogar einem Hintergrundvideo (das allerdings inhaltlich nicht ablenken darf) zu versehen.

Vorteile

Die Vorteile, die für dieses Format sprechen, liegen auf der Hand. Sie brauchen sich in diesem Format nicht zu zeigen. Damit ist es ideal für Experten, die zwar Know-how vermitteln wollen, aber sich in der sprechenden Rolle nicht wohl fühlen. Und vor allem ist es ein Format, das sehr einfach, rasch und kostengünstig produzierbar ist.

Nachteile

Es tut sich in Videos dieses Formats wenig bzw. überhaupt nichts. Wenn Sie nicht wirklich sehr interessante Inhalte haben, werden Sie mit diesem Format vermutlich keine besonders guten Reichweiten erzielen.

Aber wie gesagt, das muss nicht so sein, wie erfolgreiche Bei-spiele zeigen.

Geeignet für

Wenn Sie besonders spannende und informative Inhalte haben, bei denen sich die Besucher Zeit nehmen, auch etwas mehr Text zu lesen, dann können Sie dieses Format zumindest einmal testen. Ich selbst habe das bisher nicht gemacht, bin aber bei der Recherche für dieses Buch darauf gestoßen und war erstaunt, dass es für manche gut funktioniert.

Ohne eine lange Liste zu erstellen, würde ich sagen, dass dieses Format vermutlich alle, die Know-how vermitteln, zumindest testen können. Ein paar Beispiele, wo ich mir das besonders gut vorstellen kann:

- Steuerberater
- Verkaufs- und Marketingexperten
- Körperspracheexperten
- Psychologen, Coaches und Therapeuten
- Rechtsanwälte

8. Musikalische Choreografien

TikTok hatte seine Anfänge als Plattform, auf der vor allem sehr junge Leute tanzten, sangen und allerlei Blödsinn, oft in Kombination mit Musik machten. Das hat sich zwar in den letzten Jahren dramatisch geändert, sodass ich meinen würde, dass die Mehrzahl der Videos, die dort zu finden sind, nicht mehr aus Tänzen und Gesängen bestehen. Allerdings ist ein gewisses Format (ebenso auf Instagram) aus dieser Zeit erhalten geblieben. Ich nenne es – mangels einer offiziellen Bezeichnung – musikalische Choreografien.

Dabei vermitteln Experten typischerweise Tipps (meist 3 – 5) oder andere kurze Botschaften, indem Sie sich zur Musik bewegen und die Tipps über oder neben sich einblenden und mit der Hand darauf zeigen. Dieses Format funktioniert also ganz ohne Sprache. Gerne werden dafür sogenannte „Trending Sounds" verwendet. Das sind Musikstücke, die gerade sehr populär sind und von vielen verwendet werden.

Die gute Botschaft ist aber: Sie müssen nicht tanzen und singen, um erfolgreich Kurzvideos zu machen. Es gibt, wie Sie sehen, eine Menge anderer Formate, derer Sie sich bedienen können. Verwenden Sie dieses nur, wenn es wirklich gut passt.

Die entschärfte Form

Es gibt aber auch noch eine entschärfte Variante dieses Formats. Sie können die Bewegungen auf die Fingerzeige auf den eingeblendeten Text reduzieren. So machen Sie das Video zwar einerseits weniger spektakulär, andererseits reduzieren Sie aber auch die Gefahr, peinlich zu wirken.

Vorteile

Textlich sind diese Videos rasch geskriptet und erstellt. Meist sind es kurze Botschaften, die vermittelt werden. Vor allem auch dann, wenn die Hauptfigur im Video ungern vor der Kamera spricht, ist dieses Format gut einsetzbar. Gleichzeitig darf diese Person aber auch keine Scheu davor haben, zu tanzen oder eigenartige bis verrückte Bewegungen zu machen bzw. Grimassen zu schneiden.

Nachteile

Beim Einsatz dieses Formates ist besonders darauf zu achten, dass es zum jeweiligen Produkt bzw. zum Business passt. Wenn ein Banker etwa auf TikTok oder Instagram tanzende Bewegungen vollführt (und das nicht wirklich gut kann), wirkt es ganz rasch nur peinlich statt lustig. Die Grenze zum guten Geschmack kann hier leicht überschritten werden. Statt den Verkauf zu fördern, kann der Schuss nach hinten losgehen und das Video erzielt zwar Reichweite, aber ist dem Image und der Seriosität abträglich. Achtung also: Nicht alles, was bei anderen gut aussieht und positiv auffällt, muss bei Ihnen auch funktionieren.

Geeignet für

Dieses Format ist tendenziell eher für junge Leute geeignet. Wobei es auch Beispiele von gekonnt tanzenden Senioren gibt, die hohe Sympathiewerte und riesige Reichweiten erzielen.

Fingerspitzengefühl ist bei der Umsetzung besonders wichtig.

Gut einsetzbar ist dieses Format zum Beispiel für:

- alles, was mit Kindern zu tun hat
    - » KindergärtnerInnen und Betreuer
- alles, was mit Unterhaltung zu tun hat
    - » Bühne (Theater, Kabarett etc.)
    - » Spiele
- Social-Media-Marketing-Experten
    - » für diese scheint es fast Pflicht zu sein, auch dieses Format zu bedienen, um ihre Tipps abzugeben

9. Kommentare und Zusammenschnitte

Unter einem Zusammenschnitt verstehe ich, wenn Sie einen Kommentar zu einem anderen Video oder Bild aus Ihrer Expertensicht abgeben und daraus Ihr neues Video wird. So könnte zum Beispiel der Politikwissenschaftler einen Expertenkommentar zu einem kleinen Ausschnitt (einem einzelnen Statement – schließlich geht es immer noch um Kurzvideos) einer Wahlkampfdiskussion abgeben. Oder aber die Stilexpertin äußerst sich zur Kleidung der Hollywood-Schauspielerin beim Auftritt anlässlich der Verleihung der Oscars.

Vorteile

Der Vorteil dieses Formats ist, dass Sie von der Bekanntheit des Themas oder der Person, die Sie kommentieren, profitieren können. Oft wird es sich dabei um aktuelle Themen und Personen mit viel Reichweite und Sichtbarkeit handeln.

Nachteile

Wenn Sie andere Videos oder Bilder in Ihr Video einbinden und daraus etwas Neues machen, müssen Sie immer sehr vorsichtig sein, was die Nutzungsrechte der anderen Videos oder Fotos für diesen Zweck angeht.

Vor allem dann, wenn Sie kritisch Stellung beziehen, könnte man gereizt reagieren. Wenn Sie dieses Format häufig nutzen wollen, dann empfiehlt es sich, sich ganz grundlegendes Wissen zum Thema Nutzungsrechte anzueignen und sich im Einzelfall auch noch anwaltlich beraten zu lassen.

Geeignet für

Dieses Format ist in all jenen Bereichen einsetzbar, wo Sie als Experte ein Statement (Kritik oder Lob) zu etwas abgeben können. So könnte es neben den oben erwähnten Beispielen auch passen für

- den Heizungsexperten oder Installateur, der die Nachhaltigkeitspläne der Regierungen in Bezug auf alternative Heizungsmöglichkeiten kommentiert,
- den Hundetrainer, der etwas dazu sagt, wie gut oder schlecht die Hunde der Promis abgerichtet sind,
- die Lebensmittel- oder Ernährungsexpertin, die Werbungen von Lebensmitteln oder auch die Verpackungsaufdrucke in Bezug auf Inhaltsstoffe und Wirkungen fachlich zerpflückt,
- den Social-Media-Experten, der die Auftritte von Unternehmen oder auch Influencern auf ihren Kanälen fachlich analysiert oder auch
- den Experten für Werbung, der die Spots diverser Unternehmen werbepsychologisch analysiert.

10. Stitches, Duette und Remixe

Auf einigen der Social-Media-Plattformen gibt es verschiedene Arten der Kooperation oder Co-Creation von Videos zwischen zwei Kanalbetreibern.

Folgende Formate sind möglich:

- Auf TikTok: Stitches – Kommentieren von Videos anderer (oder einzelnen Ausschnitten daraus)
- Auf TikTok: Duette – beide Videosequenzen erscheinen gleichzeitig nebeneinander oder Bild in Bild

- Auf Instagram: Remix – funktionieren wie die Duett-Funktion auf TikTok

Die folgenden Erklärungen zu Stitches gelten sinngemäß auch für Duette (auf TikTok) und die Remix-Funktion auf Instagram.

Stitches im Zusammenhang mit Kurzvideos auf Social Media sind eine Funktion auf TikTok, die es Benutzern ermöglicht, auf ein vorhandenes Video eines anderen TikTok-Creators zu reagieren und zu editieren. Durch Stitches können Benutzer einen bestimmten Ausschnitt aus dem Originalvideo auswählen und in ihr eigenes Video einfügen. Dies ermöglicht es ihnen, auf spezifische Szenen, Kommentare oder Aktionen in den Videos anderer Benutzer zu reagieren und ihre eigene Interpretation oder Reaktion hinzuzufügen. Dabei werden die Abschnitte aus dem bestehenden und dem neuen Video abwechselnd nacheinander eingeblendet.

Als Ersteller eines Videos können Sie (ohne es zu müssen) Ihr Video für Stitches sperren, freigeben oder andere sogar zum Stichten auffordern, was die Interaktion anregt und für zusätzliche Reichweite und Sichtbarkeit sorgt.

Duette (nur auf TikTok) funktionieren im Prinzip wie Stitches, nur dass das Originalvideo und Ihr Video (als Kommentar oder Reaktion darauf) nebeneinander (statt nacheinander) oder Bild in Bild erscheinen.

Vorteile

Vorteile von Stitches, Duetten oder Remixes auf Social Media sind vielfältig. Zum einen fördern sie die Interaktion zwischen den Benutzern und schaffen eine Art kollaborative Plattform, auf der verschiedene Perspektiven und Meinungen zu einem Thema oder Video ausgetauscht werden können.

Stitches bieten den Benutzern die Möglichkeit, ihre Kreativität auszudrücken und ihre einzigartige Sichtweise auf Inhalte zu präsentieren. Darüber hinaus kann die Verwendung von Stitches dazu beitragen, dass ein Video oder ein Trend viral geht, da es durch die Reaktionen und neuen Interpretationen eine größere Reichweite erhält.

Nachteile

Es gibt jedoch auch einige Nachteile bei der Nutzung von Stitches, Duetten und Remixes auf Social Media. Eine mögliche Herausforderung besteht darin, dass Benutzer den ursprünglichen Kontext des Videos möglicherweise verändern oder verfälschen, indem sie bestimmte Ausschnitte isoliert betrachten. Dies kann zu Missverständnissen oder falschen Interpretationen führen. Außerdem besteht das Risiko von Urheberrechtsverletzungen, wenn Benutzer geschütztes Material ohne Erlaubnis verwenden oder unangemessene Inhalte in ihre Stitches einfügen.

Als derjenige, dessen Video gestitcht wird, könnten Sie auf diese Art und Weise natürlich von anderen kritisiert bzw. lächerlich gemacht werden.

Geeignet für

Stitches, Duette und Remixes sind in verschiedenen Branchen oder Anwendungsbereichen geeignet. Ein paar Beispiele bzw. Ideen dazu sind:

- ein Experte, der das Tipp-Video eines Kollegen mit einem weiteren Tipp sehr wohlmeinend ergänzt,
- eine Musikerin oder Tänzerin, die das Musikstück einer Kollegin nachspielt oder tanzt,
- ein Sportler, der die Leistung eines anderen Sportlers nachmacht oder
- ein Komiker oder Kabarettist, der die Videos von VIPs stitcht und ihr Verhalten nachmacht.

Insgesamt bieten Stitches auf Social Media eine interaktive und kreative Möglichkeit, auf vorhandene Videos zu reagieren und eigene Inhalte zu erstellen. Obwohl es Vor- und Nachteile gibt, kann diese Funktion dazu beitragen, die Kommunikation und Zusammenarbeit zwischen Benutzern zu fördern und verschiedene Perspektiven zu präsentieren. Mit Stitches wird die TikTok-Community zu einem Ort des Austauschs, der Kollaboration und der Entfaltung von Kreativität.

11. Doubles

Doubles im Zusammenhang mit Kurzvideos auf Social Media sind eine beliebte Erscheinung, bei der Benutzer versuchen, berühmten Persönlichkeiten, Charakteren oder Trends nachzueifern. Diese Doubles streben danach, sowohl das Aussehen als auch das Verhalten der Originale möglichst genau zu imitieren. Dabei setzen sie auf verschiedene Techniken wie Make-up, Kostüme und Gestik, um dem Vorbild ähnlich zu sein.

Vorteile

Vorteile von Doubles auf Social Media sind vielfältig. Zum einen bieten sie Unterhaltung und Spaß für die Zuschauer, da sie die Möglichkeit haben, ihre Lieblingsfiguren oder Prominenten in Aktion zu sehen, ohne dass es sich dabei um die tatsächlichen Personen handelt.

Doubles können auch eine Möglichkeit sein, um Fans zu begeistern und ihnen die Möglichkeit zu geben, eine Verbindung zu ihren Idolen herzustellen. Darüber hinaus können Doubles für Marken und Unternehmen von Nutzen sein, da sie eine Möglichkeit bieten, virale Trends oder beliebte Persönlichkeiten in ihre Marketingstrategie einzubeziehen.

Wenn es um Doubles wirklich berühmter Persönlichkeiten geht, die selbst auch eine große Social-Media Fangemeinde haben, könnte es natürlich geschehen, dass der VIP das Double-Video unterhaltsam findet und es kommentiert oder sogar teilt.

Nachteile

Allerdings gibt es auch einige Nachteile bei der Nutzung von Doubles auf Social Media. Einige Doubles könnten versuchen, ihre Ähnlichkeit zu berühmten Persönlichkeiten auszunutzen, um selbst Ruhm oder Aufmerksamkeit zu erlangen. Dies kann zu Urheberrechtsverletzungen oder rechtlichen Problemen führen, insbesondere wenn die Doubles die Originale ohne deren Zustimmung darstellen.

Darüber hinaus kann die Tatsache, dass Doubles versuchen, andere zu imitieren, zu einer gewissen Uniformität und Mangel an Originalität führen.

Der Aufwand für ein wirklich gutes und gelungenes Double-Video kann auch verhältnismäßig hoch sein.

Geeignet für

Doubles sind insbesondere für bestimmte Branchen oder Anwendungsbereiche geeignet. Ein paar Beispiele, wo und in welcher Form sich Doubles gut einsetzen lassen:

- Mode- und Kosmetikmarken nutzen Doubles, um ihre Produkte zu präsentieren und einen Bezug zu berühmten Persönlichkeiten herzustellen.

- Visagisten können sich selbst oder andere in Doubles verwandeln.

- Kabarettisten und Komiker können durch die bewusst unperfekte Darstellung von Doubles lustige und unterhaltsame Videos erstellen.

- Eventagenturen können mit einem Double für ihr Event werben.

Insgesamt bieten Doubles auf Social Media eine faszinierende Möglichkeit, berühmte Persönlichkeiten oder Charaktere nachzubilden und mit ihnen zu interagieren. Aus genannten Gründen ist ihr Einsatzbereich allerdings begrenzt und nicht für jeden Creator – und schon gar nicht, wenn man vielleicht erst mit Kurzvideos beginnt – zu empfehlen.

Das waren die wichtigsten und grundlegendsten Formate, die Sie für Ihre Kurzvideos nutzen können. Vermutlich werden Sie noch weitere, ganz andere oder zusätzliche Varianten von diesen hier im Buch entdecken. Bestens. Experimentieren Sie auch mit neuen Formaten immer wieder herum. Eine weitere Möglichkeit, zu anderen Formaten bzw. Ihrem ganz eigenen Stil zu kommen, ist es, die angeführten Formate (wie teilweise bereits erwähnt) zu mischen. Das macht Ihre Videos noch abwechslungsreicher.

Umsetzungsaufgabe

Gehen Sie am besten die verschiedenen Formate im Schnelldurchlauf nochmal durch. Hier nochmals die Übersicht über alle Formate:

- Monologe
- Kunstfiguren (inkl. KI kreierter Personen)
- Wechselnde Personen im Bild
- Dialoge (als Variante: mit unsichtbaren Zweiten)
- Interviews
- Unsichtbarer Sprecher
- Stumme Videos
- Musikalische Choreografien
- Kommentare und Zusammenschnitte
- Stitches, Duette und Remixe
- Doubles

Denken Sie über die folgenden Fragen nach und machen Sie sich Notizen zu Ihren Antworten:

- Welche Formate haben mich spontan angesprochen?
- Welche Formate scheinen Ihnen relativ leicht umsetzbar zu sein?
- Welche Ideen – für einzelne Videos und vor allem auch für Serien – habe ich zu einzelnen Formaten beim Lesen schon gehabt? (Unbedingt immer alles notieren)

DER RAHMEN

Doch nicht nur das Format ist grundlegend von Bedeutung, sondern auch der Rahmen, den Sie für Ihre Videos wählen. Der Rahmen ist wichtig, vielleicht sogar noch wichtiger als das gewählte Format, was die Wiedererkennbarkeit Ihrer Videos betrifft. Und Wiedererkennbarkeit ist, wie erwähnt, ein entscheidender Erfolgsfaktor, was Reichweite und Sichtbarkeit betrifft. Wenn Sie gute Videos machen und von den Betrachtern wiedererkannt werden, werden diese von zufälligen Zusehern zu Fans, die idealerweise Ihren Kanal dann auch abonnieren.

Für die Zwecke dieses Buches ist unter dem Rahmen alles Mögliche zu verstehen, in das, wie bei einem Bilderrahmen, Ihr Video hineingesetzt wird. Am besten verdeutliche ich es anhand der folgenden Beispiele, was ich damit meine.

Ton und Musik

Viele sehr erfolgreiche Kurzvideos sind auch deshalb erfolgreich, weil sie mit einer bestimmten Art von Musik hinterlegt wurden. Das können Sie auch tun, um Ihren akustischen Rahmen zu definieren. So kann etwa jedes Ihrer Videos mit derselben Musik starten oder enden. Während Sie sprechen, kann eine bestimmte Musik leise im Hintergrund laufen.

Dabei muss es nicht unbedingt Musik sein. Auch Töne und Geräusche aller Art sind für Kurzvideos gut einsetzbar.

Zum Thema Musik gibt es auch immer wieder Themen rechtlicher Art. Die Rechte für die Nutzung, der auf den unterschiedlichen Plattformen zur Verfügung gestellten Musik, sind nicht so klar, wie es vielleicht den Anschein hat. Es gibt immer wieder Abmahnungen und Klagen, weil Creatoren Musik nutzen, die sie angeblich gar nicht nutzen dürfen. Der Einsatz von Kurzvideos auf Social-Media-Kanälen hat sich in den letzten Jahren so dynamisch entwickelt, dass – so scheint es – einiges im Umfeld (zum Beispiel die Nutzungsrechte für Musik) noch gar nicht wirklich geklärt ist.

Um potenziell drohende und sehr teure Rechtsstreitigkeiten zu vermeiden, rate ich generell davon ab, Musik als Hintergrund für Ihre Videos zu verwenden, vor allem dann, wenn Sie diese ohnehin nicht wirklich (und ich meine wirklich) brauchen, um die Aussage des Videos zu unterstreichen. Davon ausgenommen sind natürlich Musikstücke, für die Sie nachweislich die Nutzungsrechte haben – und nur weil ein Lied in der Musikdatenbank von Instagram oder TikTok zur Nutzung zur Verfügung steht, beutet das nicht, wie die Praxis leider zeigt, dass Sie auch das Recht haben, dieses für Ihre Videos zu verwenden – und schon gar nicht, wenn Sie Ihre Videos kommerziell nutzen. Auf die Gefahr hin, dass andere das anders sehen – ich empfehle es äußerst vorsichtig zu sein.

Perfekt oder unperfekt

Ich habe bereits anklingen lassen, dass Perfektion, auch wenn es um Ihre Social-Media-Videos geht, nicht notwendig, nicht unbedingt anzustreben und bisweilen sogar kontraproduktiv ist. „Besser unperfekt gemacht als perfekt geplant", lautet die Devise, die Sie für Ihre Social-Media-Arbeit ganz dick und fett unterstreichen können.

Doch es kann noch weiter gehen. Sie können den Rahmen für Ihre Videos auch ganz bewusst unperfekt gestalten. Statt nur in Kauf zu nehmen, dass das eine oder andere ab und zu nicht so perfekt ist, was Schnitt, Kameraführung, Ton etc. angeht, können Sie es auch zum Teil Ihres Rahmens, Ihrer Strategie machen.

Gary Vaynerchuk ist das Paradebeispiel schlechthin für diesen Stil. Bei ihm ist es beinahe schon die Ausnahme und ganz sicher nicht die Regel, wenn das Bild nicht wackelt und er so wie andere Personen im Video halbwegs gut zu verstehen ist. Man sieht es ihm nicht nur nach, wie Millionen von Fans auf all seinen Kanälen zeigen, sondern man liebt ihn vermutlich unter anderem auch dafür. Die Grenze bei diesem Stilelement ist vermutlich dort, wo Ihre Videos nicht mehr gut verständlich sind. Beim Ton sind die Zuseher am empfindlichsten. Bei aller Imperfektion – Sie sind nicht GaryVee.

Grafische Elemente

Grafische Elemente können einen Rahmen definieren, den Sie für Ihre Videos nutzen. So könnten Ihre Videos etwa immer schwarz-weiß sein oder aber Sie legen immer einen bestimmten Farb- oder auch anderen Filter über Ihre Videos, der diese deutlich erkennbar, vielleicht sogar unverkennbar macht.

Sie können aber zum Beispiel auch immer dieselben Schnitttechniken bei den Übergängen nutzen, die dann ein Element sind, das auch für Wiedererkennbarkeit sorgt. Auch die Schriften, die Sie für Untertitel oder Texteinblendungen verwenden, sind ein grafisches Element, das Sie immer in gleichbleibender Art verwenden können.

Untertitel

Auch Untertitel sind ein Element, das sich in Ihren Videos findet oder nicht. Die meisten Creatoren fügen Untertitel in ihre Videos ein, speziell dann, wenn diese textlastig sind. Da Kurzvideos oft auch in öffentlichen Bereichen oder anderen Umgebungen angeschaut werden, wo es unangebracht oder nicht möglich ist, den Ton laut mitlaufen zu lassen, sind Untertitel für die Betrachter sehr nützlich.

Wir gestalten auf meinen Kanälen die Untertitel möglichst gut lesbar, aber ansonsten unauffällig. Diese stellen in meinen Videos kein prägendes Element dar. Es gibt andere, die ihre Untertitel so besonders gestalten, dass sie fast schon einen kleinen Teil des Markenzeichens darstellen. Sie können damit experimentieren, für besonders wichtig halte ich es jedoch nicht.

Tempo

Auch das Tempo eines Videos kann ein prägendes Element sein und so gesehen einen Teil des „Rahmens" bilden. Sie können Videos in Echtzeit zeigen. Das entspricht der Mehrzahl der Videos und ist daher naturgemäß wenig auffallend und charakteristisch.

Gleichzeitig werden Sie so aber auch nicht negativ auffallen und gehen keinerlei Risiko in dieser Beziehung ein. Eine zweite, schon deutlich spannendere Variante ist es, die Zeitrafferfunktion zu verwenden. Das macht vor allem dann Sinn, bzw. ist sogar unumgänglich, wenn Sie längere Vorgänge in ein kurzes Video packen wollen. Zum Beispiel könnte …

- ein Baumeister die Entstehung eines Gebäudes in ein kurzes Video packen – zugegeben, damit unter einer Minute zu bleiben, wäre wahrscheinlich eine Herausforderung,

- ein Visagist seine Arbeit an einer Kundin im Zeitraffer festhalten und so ein Video produzieren, das die Verwandlung in eindrucksvoller Form deutlich macht,

- ein Konditor dasselbe mit einer aufwändigen, reich verzierten Torte machen,

- ein Gärtner, der das Aufblühen einer Blume, das Wachstum einer Pflanze oder auch das Verwelken eines Blumenstraußes dokumentiert. Sogar einen Baum und dessen Veränderungen im Jahresablauf könnten ein interessantes Video ergeben.

Das alles sind Beispiele, wo der Einsatz des Zeitraffers sehr viel Sinn ergibt, weil es ansonsten unmöglich wäre, einen Vorgang in einem kurzen Video festzuhalten.

Doch gerade auch dort, wo es nicht nötig ist, könnten Sie den Zeitraffer (und auch die gleich folgende Zeitlupe) verwenden. Genau dort, wo niemand dies erwartet, sind solche Effekte oft etwas, das Aufmerksamkeit erregt und dafür sorgt, dass Ihre Videos als etwas „Typisches" wiedererkannt werden.

Doch auch das genaue Gegenteil, die Zeitlupe, kann ein spannender Effekt sein, den Sie für Ihre Videos oder bestimmte Serien einsetzen und diesen damit einen gesteigerten Wiedererkennungswert geben können. Ein paar Beispiele dazu:

- Ein Zauberer enthüllt ein paar seiner Tricks im Zeitlupenformat und erklärt dazu (klarerweise aus dem Off in normalem Tempo gesprochen), was er macht und wie.

- Eine Köchin könnte einige der Abläufe, die Sie als Profi sehr schnell durchführt, in der Zeitlupe zeigen, sodass auch die weniger routinierten Betrachter, die sich etwas abschauen wollen, das können. Das kann auch so etwas Banales wie Zwiebelschneiden sein.

- Ein Billardspieler, Trainer oder auch Equipmenthersteller zeigt Techniken und Stöße in Zeitlupe, damit diese für die Zuseher nachvollziehbar werden.

Räume und Hintergründe

Räume und Hintergründe sind in Kurzvideos verständlicherweise ein bestimmendes Element. Es macht einen Unterschied für Ihr Video und die Wirkung Ihrer Botschaft, ob Sie vor einem neutralen grauen Hintergrund frontal in die Kamera sprechen, dabei am Strand entlangspazieren oder aber in einem schweren Ledersessel in einem eher dunklen Zimmer vor dem Kamin sitzen, in dem ein offenes Feuer prasselt. Dabei ist keines der Beispiele an sich gut oder schlecht. Die Frage ist: Was passt zu Ihnen, Ihrer Positionierung und Ihrer Botschaft?

Der Zahnarzt, der seine Praxis als Hintergrund nimmt, wird nicht nur leichter als Zahnarzt erkannt, sondern wirkt auch deutlich glaubwürdiger, als wenn er über Zahnpflege spricht und dabei in der Badehose am Strand sitzt.

Dabei muss der Hintergrund nicht echt sein. Sie können natürlich auch eingeblendete Hintergründe (Fotos oder Videos) nutzen, während Sie sich selbst vor einem neutralen Hintergrund (Greenscreen oder Ähnliches) befinden. Auch Ihre Entscheidung, ob Ihr Video Indoor oder Outdoor spielen soll, fällt in diesen Bereich.

Es gibt Creatoren, die immer vor demselben Hintergrund erscheinen, was deutlich zu ihrer Unverkennbarkeit bzw. Wiedererkennbarkeit beiträgt. Andere – so wie ich – haben wechselnde Hintergründe, die aber pro Videoserie ähnlich bis gleich sind. Wieder andere haben gar keine Kontinuität, was die Hintergründe oder Räume angeht. Was ich damit sagen will, ist nur, dass Sie sich über Umgebungen, in denen Ihre Videos spielen, Gedanken machen und es nicht dem Zufall überlassen sollten.

Beispiele

Unternehmensberater Robin Gassmann hat eine ansehnliche Fangemeinde auf Instagram und TikTok aufgebaut. Die meisten seiner Videos dreht er im Auto (vom Beifahrersitz aus gefilmt). Sein Stil ist dabei sehr natürlich und entspannt. Man merkt, dass da nichts geskriptet oder vorgeplant ist. Sie wirken mehr wie Stories aus dem Alltag und kommen sehr sympathisch rüber. Ein weiterer Vorteil dabei: wenig Aufwand bei der Erstellung und Nachbearbeitung.

Gegenstände und Utensilien

Auch alle Arten von Gegenständen können Teil ihres Rahmens sein. Dabei können diese einfacher Bestandteil Ihres Hintergrundes sein, wie z. B. ein bestimmtes Bild, ein unverkennbares rotes Sofa oder auch eine auffällige Stehlampe.

Oder aber, und das eröffnet noch deutlich mehr Möglichkeiten für Ihre kreativen Ideen, Sie setzen für Ihre Branche, Ihren Beruf oder Ihre Botschaft typische Utensilien und Werkzeuge ein. Ein paar Beispiele dazu:

- Der Grillkoch, der beim Sprechen immer sein Spezialmesser in der Hand hält,

- die Köchin, die immer mit Kochlöffel gestikuliert,

- der Fotograf, der seine Kamera in der Hand hat, während er etwas erklärt oder

- der Trainer, Coach oder Berater, der seine Botschaft nicht nur spricht, sondern diese (auch) auf einen Flipchart schreibt oder über einen Beamer oder Bildschirm projiziert.

Beispiele

Daniel Hauber (Betreiber der YouTube-Marketing-Agentur Babba Media) nutzt zum Beispiel sehr geschickt eine Baseballkappe mit dem Namen seiner Agentur auf der Vorderseite. Mit seinen kurzweiligen und reichweitenstarken Reels schafft er es so auch ganz nebenher, die Sichtbarkeit der Agentur zu steigern, ohne direkt dafür Werbung zu machen.

Welche typischen Gegenstände können Sie in Ihren Videos einsetzen? Idealerweise verwenden Sie diese nicht nur als dekoratives Element, sondern geben ihnen auch eine Funktion in Ihren Videos.

Das waren die wichtigsten Elemente, die Ihren Rahmen definieren. Suchen Sie sich davon ein paar wenige aus, die für das, was Sie tun, zeigen oder verkaufen wollen, bedeutend sein können. Für diese definieren Sie dann genau, wie Sie sie einsetzen wollen. Die übrigen können Sie getrost so umsetzen, wie es die Mehrheit aller Creatoren macht.

Umsetzungsaufgabe

Denken Sie über die verschiedenen Rahmenbedingungen für Ihre Videos nach und definieren Sie die folgenden Faktoren:

- Wollen Sie mit Tönen, Geräuschen oder auch Musik arbeiten?
- Wollen Sie einen eher perfekten Stil oder ganz bewusst einen leicht unperfekten Stil in Ihren Videos pflegen?
- Wollen Sie grafische Elemente in Ihre Videos einbauen oder sogar welche durchgängig als Erkennungsmerkmal nutzen?
- Sind Ihre Videos mit oder ohne Untertitel? Wenn mit, in welcher Form?
- Werden Ihre Videos im normalen Tempo laufen oder in Zeitraffer oder Zeitlupe?
- Welche Räume und Hintergründe werden Sie für die Aufnahme nutzen?
- Gibt es bestimmte Gegenstände oder Utensilien, die Sie in den Videos verwenden?

THEMEN UND INHALTLICHE IDEEN – VORBEREITUNG UND SAMMLUNG

Im folgenden, sehr umfangreichen Teil des Buches geht es um den Kern Ihrer Videos, die Inhalte. Nachdem Sie sich für ein Format entschieden haben (zum Beispiel einen Dialog zwischen Kunde und Verkäufer, wie ich ihn selbst gerne umsetze) und einen passenden Rahmen dafür gewählt haben, stellt sich vermutlich die Frage: Was soll ich bloß in meinem Video sagen oder zeigen? Das ist eine sehr wichtige und gleichzeitig sehr häufig gestellte Frage (laut ausgesprochen oder auch nur im Stillen an sich selbst gestellt), auf die ich Ihnen nun eine Reihe von möglichen Antworten in Form sehr gut einsetzbarer und praxiserprobter Inhalte liefern werde.

Die folgenden Themen oder Konzepte sind teilweise überschneidend, was bei Kreativprozessen in der Natur der Sache liegt und deshalb auch nicht weiter stört. Sie sind nicht erschöpfend. Das heißt, ich gehe davon aus, dass Sie beim Durchlesen bzw. Nachdenken und Durcharbeiten noch zusätzliche weitere Ideen für tolle Inhalte für Ihre Videos haben werden. Zum Teil können das auch ganz andere, neuartige sein. Sehen Sie daher diese Sammlung als Anregung, um die Ideen zum Sprudeln zu bringen.

Sie werden bei jedem der Themen eine kurze Beschreibung und bei vielen auch Beispiele finden, die (erfolgreich) umgesetzt wurden. Auch, wenn etwas für jemanden nicht sehr erfolgreich war (gemessen an den Performance-Kennzahlen des Videos), bedeutet das nicht, dass es für Sie nicht die perfekte Idee ist. Nichts funktioniert überall.

Die Beispiele finden Sie auch auf der Ressourcenseite zum Buch verlinkt. Dort lassen sich die Beispiele leichter aktualisieren und verwalten und der Link im Buch oder auch im E-Book (wenn Sie einen eBook-Reader verwenden) bringt Ihnen ohnehin wenig bis gar nichts.

Zur Ressourcenseite mit allen Beispielen kommen Sie hier: *https://www.romankmenta.com/kurzvideos-ressourcen/*

Sie werden bei den meisten Ideen bzw. Konzepten auch Anmerkungen finden, für wen ich diese Art der Inhalte für besonders geeignet halte. Ich habe mich bemüht, dabei immer wieder unterschiedliche Berufsgruppen, Produkte und Leistungen aufzulisten – ohne einen Anspruch auf Vollständigkeit, die ohnehin nicht umsetzbar wäre. Ihre Aufgabe – die Sie sicher sehr gut bewältigen werden – ist es dann, anhand der Beispiele zu beurteilen, ob ein Thema bzw. eine Idee auch für Sie passen könnte und Ideen zu finden, wie Sie diese umsetzen können.

Ich habe einige Zeit darüber nachgedacht, in welcher Reihenfolge ich die Konzepte und Themen hier anordnen soll. Jede Art der Anordnung hat Vor- und auch Nachteile. Letztlich bin ich zum Schluss gekommen, dass es für eine Sammlung von Themen vielleicht sogar sehr förderlich ist, wenn die Anordnung keiner stringenten Logik folgt. Daher habe ich diese mehr oder weniger dem Zufall (oder auch meinem unbewussten Denken) überlassen. So brauchen Sie sich gar nicht lange gezielt nach einer bestimmten Art von Themen auf die Suche zu machen. Das könnte nämlich dazu führen, dass Sie manche, die ich einem Bereich zugeordnet hätte, der Sie weniger interessiert, gar nicht wahrnehmen (so Sie das Buch nicht ohnehin von vorne bis hinten konsequent durchlesen).

So aber stolpern Sie vielleicht schon auf der nächsten Seite über eine Idee, die Ihnen vielleicht auf den ersten Blick gelinde gesagt sehr seltsam vorkommt, aber auf den zweiten Blick durchaus etwas hat, sich auf den dritten Blick als sehr spannend entpuppt, um letztlich, nachdem Sie das Video produziert und gepostet haben, viral zu gehen und eine riesige Reichweite zu erlangen. Wer weiß. Das Social-Media-Spiel um Reichweiten und Sichtbarkeit ist bisweilen mehr von Zufälligkeiten abhängig, als man sich wünscht oder glauben würde.

Einzig wenn zwei oder drei Themen in der folgenden Sammlung Berührungs- oder Anknüpfungspunkte haben bzw. sich sogar ähnlich sind, habe ich mir erlaubt, diese aufeinander folgen zu lassen. Doch auch das ist kein absolutes Muss. Die einzige Ordnung, die ich eingeführt habe, ist jene, die Ideen zwecks leichterer Wiederauffindbarkeit zu nummerieren.

Das bedeutet also für Sie: Schmökern Sie diesen Teil durch, von vorne bis hinten, umgekehrt oder auch ganz anders, blättern Sie mal schneller, mal langsamer, graben Sie in die Tiefe, wo auch immer Sie meinen (und schauen Sie sich auch die Beispiele auf der Ressourcenseite an) und lassen Sie dabei Ihrer Kreativität vollkommen freien Lauf.

Achtung – Vorbereitung nötig

Doch auch das interessanteste Thema bleibt nur ein Thema, solange Sie sich nicht hinsetzen und dieses in Bezug auf Ihr Geschäft bzw. Ihre Kanäle durchdenken und Ideen innerhalb des Themas sammeln. Wenn Sie zum Beispiel meinen, dass es interessant sein könnte, von Ihren beruflichen Reisen zu berichten (ein Thema, auf das wir später genauer eingehen werden), ist das zwar schön, aber ich verspreche Ihnen, dass dabei nicht viel herauskommen wird. Zumindest dann nicht, wenn Sie sich nicht vorbereiten und darüber nachdenken, was genau Sie von Ihren Reisen berichten wollen. Sie müssen einen konkreten Plan machen, wenn Sie wollen, dass tatsächlich guter Content und interessante, reichweitenstarke Videos das Resultat sind.

Um Sie dabei zu unterstützen, werde ich innerhalb der Themen auch immer eine Reihe von Ideen, wie man dieses Thema in unterschiedlichen Branchen umsetzen könnte bzw. was Sie aus dem Thema machen können, beispielhaft illustrieren. Wie sähe das etwa für das Thema Reisen, das von Natur aus sehr ergiebig ist, aus?

Ein paar Ideen zum Thema „Reisen"

Im Thema Reisen stecken viele kleine Ideen für Videoinhalte. So könnten Sie zum Beispiel berichten über:

- das Ziel der Reise
- den Reisezweck
- die Reiserouten
- die Verkehrs- bzw. Transportmittel, die Sie nutzen

- die Menschen, mit denen Sie reisen bzw. die Sie auf Ihrer Reise treffen

- Ihr Reisegepäck

- Ihre Reiseeinkäufe und die damit verbundenen Kosten

- Verspätungen

- womit Sie sich die Zeit vertreiben, während Sie reisen oder warten
    - » Was lesen Sie gerade?
    - » Woran arbeiten Sie?

- Sehenswürdigkeiten – und damit sind nicht nur die allgemein bekannten gemeint, sondern alles, was irgendwie sehenswert ist

- Ihre Hotels und Zimmer

- spezielle Wellnessangebote und wie Sie diese nutzen

- die Sportmöglichkeiten

- Ihre Ausflüge

- das, was Sie essen und trinken

- Geschäfte und Einkaufsmöglichkeiten

- Preise und Preisvergleiche (das wäre zum Beispiel etwas, was gut zu dem Thema „Preis" passen würde, mit dem ich mich in vielen meiner Bücher beschäftige)

- die Fauna und Flora

- Museen

- das Wetter

Sie sehen schon, die Liste ist lang und könnte noch sehr viel länger werden. Worüber Sie ein Video machen und auf diese Art und Weise von Ihrer Reise berichten, hängt davon ab, worum es in Ihrem Kanal gehen soll. Natürlich kann jeder auch einmal ein kurzes Video für die Instagram-Stories machen, um sich selbst beim Warten am Flughafen zu zeigen. Aber für den Gärtner auf Reisen bietet es sich an, eine ganze Reihe von Videos mit der lokalen Pflanzenwelt zu füllen.

Die Köchin kann sich durch die lokale Küche probieren oder auch andere Köche interviewen und das in Kurzvideos dokumentieren (alles, was mit Essen zusammenhängt, ist gern gesehen). Wenn es Ihre Profession ist, Ihren Kunden mittels Körperarbeit zu helfen, müssen Sie natürlich alle lokalen diesbezüglichen Angebote testen und darüber berichten.

Sie sehen schon, die Möglichkeiten für Inhalte sind endlos. Und weil es so viele gibt, ist es oft schwer, irgendetwas zu produzieren. Es mag eigenartig klingen, aber die große Auswahl macht es uns schwerer, uns zu entscheiden, und führt – wie Studien zeigen – oft dazu, dass wir uns gar nicht entscheiden. Das könnte bedeuten, dass Sie nach einem 14-tägigen Bali-Urlaub ganz ohne Videomaterial dastehen und sich fragen, wie das gehen konnte.

Daher ist Planung extrem wichtig. Damit Sie das Maximum an Kurzvideos aus Ihrer Reise herausholen, ist es unumgänglich, dass Sie sich einen Plan machen und ihn dann während Ihrer Reise (egal ob Business oder Urlaub) Schritt für Schritt abarbeiten.

Und wenn Sie jetzt meinen *„Moment mal, schließlich will ich ja vor allem Urlaub machen und nicht die ganze Zeit Videos für meine Social-Media-Kanäle produzieren!"*, dann stimme ich Ihnen absolut zu. Doch nur wenn Sie es planen, werden Sie beides unter einen Hut kriegen, weil Sie sich nicht ständig mit der Frage „Was soll ich denn bloß für ein Video machen?" beschäftigen müssen. Das wissen Sie ja bereits. Sie brauchen es nur noch umzusetzen.

Es versteht sich von selbst, dass natürlich all jenes, das außerhalb des Gewohnten ist, spannenderen Inhalt für Ihre Videos darstellt als alles, was den Erwartungen der Fans und Zuseher entspricht. So ist das Glas Bier für 12 € am Flughafen in Stockholm wesentlich interessanter, als wenn Sie dasselbe Bier in der Kneipe in Köln für 3,5 € trinken – nur um das anhand eines Beispiels zu illustrieren.

Recherche

Wir haben uns noch gar nicht mit der Frage „Woher kommen denn Ihre Ideen für Kurzvideos?" beschäftigt. Natürlich könnten Sie meinen, dass Sie genau dafür dieses Buch gekauft haben, um solche Ideen auf dem Servierteller fix und fertig zu erhalten. Und ja, das stimmt natürlich. Doch nachdem dieses Buch eines für alle möglichen Branchen ist, kann ich naturgemäß nicht für jede Leserin bzw. jeden Leser in die Tiefe gehen, wenngleich Sie im Folgenden sehr viele Beispiele für sehr viele unterschiedliche Branchen und Themenbereiche finden werden.

Um aus den Inhalten dieses Buches auch Inhalte für Ihre Videos zu machen, gehen Sie am besten folgendermaßen vor.

1. Sie lesen alle Ideen der Sammlung in diesem Buch durch.

2. Sie markieren sich jene, die Ihnen auf den ersten Blick interessant erscheinen.

3. Sie machen ein Brainstorming zu den „Ideen innerhalb des Themas" (auch auf Basis meiner Vorarbeit in diesem Buch).

4. Sie recherchieren:
    a. dazu weitere Ideen über Google und ChatGPT,
    b. (auch über die Suche nach gewissen #Hashtags) wen es in Ihrem Bereich sonst noch so gibt, der auf dem jeweiligen Kanal aktiv ist und
    c. was die anderen so tun und notieren sich, welche dieser Ideen Sie auch nutzen können (ohne sie einfach nur 1:1 zu kopieren – das wäre unmoralisch bzw. in manchen Fällen auch illegal).

5. Sie bündeln die besten Ideen (und Ideen innerhalb der Ideen) zu Serien und arbeiten die Serien aus.

Das wäre ein Weg, wie Sie an die Ideenfindung für Ihre Videos herangehen könnten. Es ist derjenige, mit dem es mir selbst ganz gut gelingt, immer ausreichend neues Material für meine Kanäle zu produzieren. Nachdem es um einen Kreativprozess geht, können natürlich auch ganz andere Wege zu interessanten Inhalten und reichweitenstarken Videos führen.

Vom „guten" Kopieren

Noch ein Wort zum „kopieren" von Videos anderer. Finden Sie sich mit dem Gedanken ab, dass es so gut wie nichts Neues an Inhalten gibt. (Fast) alles wurde schon einmal gemacht, aber – und das ist wichtig – noch nicht von jedem. Das bedeutet, Sie können durchaus denselben Tipp bringen, wie bereits fünf andere Experten in Ihrem Bereich. Solange Sie es auf Ihre eigene Art und in Ihrem eigenen Stil machen, ist es schon wieder etwas (völlig) anderes und kann auch ein völlig anderes, vielleicht sogar sehr viel besseres Ergebnis bringen.

Statt „**Copy > Paste**" sollten Sie daher „**Copy > Adapt > Paste**" machen. Für diese „gute" Art des Kopierens kann es sogar sehr hilfreich sein, in völlig anderen Bereichen zu stöbern und zu recherchieren. Dort finden Sie am ehesten Ideen, die für Ihre Branche unüblich oder sogar völlig neu sind. So könnte sich etwa ein Immobilienmakler eine Idee von einem Koch „klauen", ohne dass das moralisch verwerflich wäre oder der Koch deshalb verärgert reagieren würde. Ein paar meiner besten Ideen sind vermutlich so entstanden (wenngleich man irgendwann auch selbst nicht mehr sagen kann, wo die Idee tatsächlich herkam – zu vielfältig sind die Einflüsse).

Doch auch, wenn man Ideen aus der eigenen Branche übernimmt, ist das möglich. So bringt vielleicht ein Branchenkollege einen Expertentipp in Form eines Monologes frontal in die Kamera gesprochen. Sie könnten nun die Idee aufgreifen und daraus einen Dialog zwischen Ihnen und einem Kunden machen. So wird daraus etwas, das so anders ist, dass es sich eine Existenzberechtigung auf Ihren Online-Kanälen verdient hat.

SAMMLUNG VON THEMEN UND IDEEN

Bei den folgenden Themen, Konzepten und Ideen für Kurzvideos habe ich mich vor allem auf jene konzentriert, mit denen es Ihnen am leichtesten fallen wird, nicht nur ein einzelnes Video, sondern gleich eine ganze Serie (also zumindest 10 oder mehr) zu produzieren. Sollte das eine oder andere Konzept für Sie dennoch nicht genug Material für eine Serie ergeben, können Sie die Idee dennoch verwenden – dann ist das Ergebnis eben ein dennoch sehr gutes Einzelvideo.

1. Expertentipps, Tricks & Hacks

Tipps zum jeweiligen Fachbereich eignen sich gut als erste Idee für Ihre Kurzvideos, da sich diese wirklich universell einsetzen lassen. Mit solchen Inhalten könnte ein Gemüsehändler, der darüber spricht, woran man frisches Obst und Gemüse erkennt und wie man es am besten verarbeitet, genauso seine Kanäle füllen wie der Steuerberater, der über die besten Tipps zum Steuersparen spricht oder der Autohersteller, der darüber spricht, wie man den Wert eines Autos lange erhält. Fachwissen, das ein bestimmtes Zielpublikum interessiert, gibt es überall und es gibt fast unerschöpflich viel davon.

Diese Tipps können Sie vermitteln, indem Sie

- in einem Monolog einfach nur direkt in die Kamera sprechen oder

- einen Dialog konzipieren, in dem z. B. ein Kunde die Frage stellt und Sie als Expertin bzw. Experte diese beantworten oder aber auch

- indem Sie in einer musikalisch untermalten Choreografie den Tipp unkommentiert als Text einblenden und mit dem Finger oder der Hand hinzeigen.

Das könnte ein einzelner Tipp pro Video sein, den Sie ein wenig ausführlicher erklären oder aber auch mehrere, wobei ich nicht mehr als 3 – 5 sehr kurze Tipps empfehlen würde.

Expertentipps sind Inhalte, die ich auch selbst in verschiedenen Formaten immer wieder nutze, um Kurzvideos mit interessanten Inhalten zu befüllen.

Tricks & Hacks

Tricks und Hacks als Inhalte für Ihre Videos sind den normalen Expertentipps sehr ähnlich. Was noch ein normaler Expertentipp und was ein astreiner Hack ist, ist oft schwer zu sagen. Die Übergänge sind fließend. Und doch sind richtige Tricks und Hacks für mein Empfinden doch noch etwas anderes. Hacks sind meist kleine, einfach umsetzbare Tricks mit erstaunlicher Wirkung, also etwas, wodurch der Betrachter etwas lernen kann, mit dem er mit wenig Aufwand sein Leben erleichtern und verbessern kann.

Solche Hacks sind in allen möglichen Bereichen – beruflich, aber auch noch viel öfter privat – zu finden. Nicht unbedingt, aber doch häufig sind es auch technische Dinge, die allerdings kein großes handwerkliches Geschick erfordern. So gibt es Hacks in den Bereichen:

- Kochen,
- Reinigen,
- Zeitsparen,
- mehr Reichweite, Klicks oder Kommentare auf Social Media erzielen,
- die Conversion in Online-Shops verbessern,
- Flugmeilen sammeln und profitabel nutzen,
- Körperpflege

und sehr vielen mehr.

Welche solcher Tricks und Hacks gibt es in Ihrem Tätigkeitsbereich? Wenn Ihnen spontan nichts einfällt, machen Sie eine kurze Recherche – auf Suchmaschinen, mithilfe von Künstlichen Intelligenzen, aber vor allem auch auf den Social-Media-Kanälen, auf denen Sie tätig sind. Ich bin überzeugt, dass man dabei für viele Themenbereiche fündig wird.

Beispiele

Diplompsychologe Rolf Schmiel bringt in seinem Spiegel-Bestseller „Psycho Hacks" eine Vielzahl einfach umsetzbarer Hacks (im wahrsten Sinne des Wortes) und setzt diese sehr erfolgreich in Kurzvideos auf Instagram um. Teilweise sind es Ausschnitte aus Vorträgen, teilweise solche aus seinen vielen Fernsehauftritten. Was auffällt, ist nicht nur die sehr gute Reichweite, sondern auch eine hohe Interaktionsrate (in Form von Kommentaren) seiner Fans.

Geeignet für

Tipps, Tricks und Hacks eignen sich als Thema besonders für alle Arten von Experten quer durch alle Branchen und Bereiche. Ich würde sogar sagen, dass Sie als Expertin oder Experte um dieses Thema kaum bis gar nicht herumkommen. Einige, unterschiedliche Serien mit Tipps, Tricks und Hacks zu Ihrem Expertenthema sollten Experten unbedingt produzieren und laufend fortführen.

Ideen zu diesem Thema

Wie graben Sie bei Expertentipps, Tricks und Hacks tiefer, wenn Sie zum Beispiel einen Kochkanal betreiben und typischerweise Rezepte in Videos in fertige Speisen verwandeln. Sie könnten zum Beispiel Tricks und Hacks zu folgenden Teilbereichen bringen:

- Woher bekommt man günstig die benötigten Lebensmittel, ohne bei der Qualität große Kompromisse zu machen?
- Welche Kochutensilien und Küchengeräte bekommt man wo zum besten Preis?
- Wie kann man sich helfen, wenn man bestimmte Utensilien oder Zutaten gerade nicht zur Hand hat?
- Wie kann man Zeit bei der Vorbereitung oder Zubereitung sparen?
- Wie kann man die häufigsten Fehler vermeiden?

- Mit welchen Rezepten oder Vorgehensweisen erzielt man mit dem geringsten Aufwand (zeitlich oder finanziell) das beste Ergebnis bzw. die größte Wirkung? (etwas womit Jamie Oliver bekannt und groß geworden ist)

- Wie kann man bestimmte schwer zu reinigende Kochgeräte ganz leicht und rasch reinigen?

- Wie kann man die Speisen mit wenig Aufwand anrichten und dekorieren und dennoch einen tollen Effekt erzielen?

- Abgesehen von den Gerichten selbst – mit welchen kleinen Tricks kann man aus der Speisenfolge bzw. -zusammenstellung mehr herausholen?

- Welche Getränke passen zu den Speisen und wie kann man mit der Getränkeauswahl den Gästen ein „Wow" entlocken?

Sie sehen schon, wo das hinführt und wie viele Ideen in einem einzigen Thema stecken. Dabei sei angemerkt, dass ich keine Ahnung vom Kochen habe (aber dafür gut beim Essen bin). Was würde wohl einem echten Profi dazu noch alles einfallen? Wenn Sie beginnen, innerhalb eines Themas tiefer zu bohren, werden Sie eine unglaubliche Fülle weiterer Ideen finden.

2. Hobbies

Auch Hobbies können ein interessanter Inhalt für Ihre Videos sein und das nicht nur, wenn Sie einen rein privaten Social-Media-Kanal betreiben. Auch bei Business-Kanälen, vor allem dann, wenn Sie als Person im Mittelpunkt stehen (Sie also Personal-Branding betreiben), können Kurzvideos zu Ihren Hobbies Ihren Kanal sinnvoll bereichern.

Gerade bei personenzentrierten Kanälen sind die Zuseher (die hier oft wirkliche Fans sind) besonders daran interessiert, mehr und vor allem auch Privates von ihrem Idol zu erfahren. Und da können Hobbies etwas sein, das zwar privat, aber vielleicht noch nicht allzu privat ist (was natürlich auch vom Hobby abhängt).

Sie können Hobby-Inhalte in allen möglichen weiter vorne im Buch angeführten Formaten verarbeiten. So könnte der Steuerberater, der für sein Leben gerne segelt, ganz einfach nur kurze Mitschnitte von seinen Turns als Video posten. Er könnte aber auch die Ideen, Hobbies und Tipps kombinieren und ein wenig tiefere Einblicke ins Segeln geben und ein paar der Dinge, die er als Skipper so macht, erklären. Wenn es noch tiefer geht, wäre es vermutlich kein Hobby mehr, sondern ein Tipp-Format für eine Segelschule oder einen Bootshersteller. Das Hobby sollte schließlich nicht vom Hauptfokus Ihres Kanals – in unserem Fall den Steuern – ablenken.

Beispiele

Erfolgscoach Harald Psaridis nutzt sein Hobby „Bodybuilding" für seine Social-Media-Arbeit. Er betreibt diesen Sport extrem erfolgreich und gewann bereits mehrfach österreichische Staatsmeisterschaften und rangierte auch unter den Top-Platzierten bei internationalen Bewerbern. Seinen Körper zu zeigen, ist sicher für manche eine Frage der Grenzziehung, doch Aufmerksamkeit und Reichweite kann es allemal bringen.

Geeignet für

Hobbies sind wie gesagt als etwas zu sehen, das man zu den Hauptinhalten beimischen kann. Dieses Konzept eignet sich naturgemäß besonders gut für personenbezogene Kanäle und weniger gut bis gar nicht für Unternehmen, da diese selbst ja keine Hobbies haben.

Ideen zu diesem Thema

Wenn Ihr Hobby zum Beispiel die Fotografie ist, können Sie natürlich in diesem Thema auch tiefer gehen. Sie werden dazu mindestens ebenso viele Ideen in diesem Thema finden, wie ich vorhin zum Kochen. So könnten Sie etwas des Folgenden zu Content für Kurzvideos verarbeiten:

- Den Kauf einer neuen Kamera inklusive Unboxing

- Die Motivsuche und Auswahl

- Die Vorbereitung auf eine Fotosession

- Tipps, Tricks & Hacks, die Sie umgesetzt haben und die Ergebnisse, die Sie damit erzielt haben

- … und natürlich, vor allem eine Serie Ihrer besten Fotos als Video abgespeichert

Dabei sollten Sie allerdings achtgeben, denn immerhin geht es nur um Ihr Hobby. Es geht darum, ein wenig mehr von Ihrer privaten Seite zu zeigen und nicht darum, einen Fotografie-Kanal zu machen. Das sollten Sie den Fotografen überlassen oder wenn Sie das möchten, einen eigenen Kanal darüber und das Hobby zu einem (zweiten) Beruf machen.

3. Reisen

Der Idee mit den Hobbies sehr ähnlich ist die, Kurzvideos von Ihren Reisen (beruflich oder privat) zu machen. Schließlich könnte man intensives privates Reisen auch als Hobby sehen. Reisen eignen sich deshalb so gut als Inhalt für Ihre Videos, weil sich naturgemäß viel tut, wenn man auf Reisen ist. Man bewegt sich, hat ständig wechselnde Schauplätze oder Aktivitäten und trifft möglicherweise auch immer wieder neue Menschen.

All das gibt potenziell interessantes Material für Ihre Videos. Und selbst wenn sich einmal nichts tut, weil das Flugzeug Verspätung hat und man ein paar Stunden am Gate wartend verbringen muss, ist das möglicherweise berichtenswert. All diejenigen, die auch schon Ähnliches erlebt haben, können das gut nachvollziehen und fühlen eine gewisse Verbundenheit, wenn sie Ihr Video sehen.

Reisen sind oft stressig, vor allem solange man noch unterwegs und noch nicht im Hotel angelangt ist. Daher ist es umso wichtiger, die geplanten Videos sehr gut vorzubereiten. Ansonsten verursacht es unnötigen Stress, wenn man während der Reise permanent dran denken muss, irgendwelche Videos zu drehen und noch dazu einen deutlich schlechteren Output haben wird.

Geeignet für

Geeignet ist dieses Format für alle personenbezogenen Kanäle. Wenn Sie öfter mal oder sogar sehr viel beruflich reisen, ergeben sich daraus viele Inhalte. Wenn Sie privat reisen und ein paar Einblicke gewähren wollen, ebenso. Auch für Unternehmen, deren Mitarbeiter viel unterwegs sind, kann das Thema Reisen eine sprudelnde Quelle von Videocontent sein.

Ganz besonders eignet sich das Thema klarerweise für all jene, die sich beruflich schwerpunktmäßig mit Reisen beschäftigen:

- Reiseveranstalter
- Reisebüros
- Reiseblogger und Reisebuchautoren
- Romanautoren, die die Videos an den Schauplätzen drehen, an denen der aktuelle oder nächste Roman spielt und daraus eine schöne „Making of"-Serie produzieren
- Fluggesellschaften
- Bahnlinien
- Buslinien
- Schifffahrtsgesellschaften

Ideen zu diesem Thema

Die Ideen in dieser Kategorie habe ich bereits vorhin im allgemeinen Teil erläutert.

4. Sehenswertes in der Gegend

Die Idee über Sehenswertes in der Gegend zu berichten, ist einerseits etwas, das ein Teilbereich zum Thema „Reisen" sein kann. Aber es ist auch ein Thema, das Sie unabhängig vom Reisen nutzen können. Der Begriff „Sehenswertes" ist dabei sehr dehnbar. Für den Gourmet sind Restaurants so etwas wie Sehenswürdigkeiten, für den Opernfan Musikspielhäuser und für den Angler die besten Plätze zum Fischen. Das ist alles sehr relativ und individuell.

Geeignet für

Spontan fallen mir folgende Berufe und Branchen (außerhalb der gesamten Reiseindustrie)

- ein, für die diese Idee sehr passend sein kann:
- Städte, Gemeinden und Kommunen (auch diese betreiben schließlich Social-Media-Kanäle),
- Unternehmen mit einem starken lokalen Bezug,
- ein Fotograf oder Fotohändler, der in seinen Videos tolle Fotomotive aus der Gegend präsentiert,
- ein Hersteller von Wanderausrüstung, der die schönsten Wanderziele in der Gegend in Videos verwandelt,
- ein Hersteller oder Händler von Fahrrädern, der Ausflugsziele für Radtouren bzw. Radwege selbst in seine Videos packt,
- ein Architekt, der aus architektonisch Sehenswertem Kurzvideos produziert,
- ein Historiker, der auf seinem History-Channel alte Gebäude, Denkmäler und Ähnliches zeigt,
- ein Gärtner, der die schönsten Gärten der Gegend filmt (idealerweise sind das auch Kunden von ihm) oder
- ein Krimiautor, dessen Bücher in der Gegend spielen, könnte die Schauplätze seiner Geschichten per Video in Szene setzen.

Sie sehen also, es geht um die Verbindung Ihres Themas mit Dingen aus Ihrer räumlichen Umgebung.

Diese Verbindung von zwei Dingen oder Themen zu schaffen, die auf den ersten Blick miteinander überhaupt nichts zu tun haben, ist eine hilfreiche Fähigkeit, die uns in diesem Buch immer wieder beschäftigen wird.

Ideen zu diesem Thema

Wenn Sie Ideen zu diesem Thema suchen, finden und für sich nutzen wollen, müssen Sie das Thema „**Sehenswertes in der Gegend**" in Teilbereiche herunterbrechen, so wie ich es ansatzweise bei den genannten Beispielen bereits gemacht habe.

Was könnten solche Teilbereiche zum Beispiel sein:

- historische Gebäude
- Denkmäler
- Restaurants, Gaststätten, Kaffeehäuser und Bars
- landschaftlich besonders schöne Plätze
- Kraftplätze
- architektonisch interessante Gebäude
- Sportstätten und Sportmöglichkeiten im weiteren Sinne
- Ausflugsziele
- berühmte Persönlichkeiten (lebende und verstorbene)
- die lokale Tierwelt oder auch Pflanzenwelt

Je nachdem, womit Sie Ihre Kanäle schwerpunktmäßig füllen, gibt es dazu natürlich auch noch mehr Kategorien bzw. Gesichtspunkte, unter denen Sie Ihre Umgebung betrachten können.

5. Gebäude

Nicht nur die Gegend als Ganzes, sondern auch nur ein Gebäude oder Gebäudekomplex bzw. eine Anlage kann Stoff für Kurzvideos ergeben. Wenn das Gebäude groß genug ist, reicht das durchaus für eine ganze Serie von interessanten Kurzvideos. Im Grund geht es dabei darum, das Gebäude, um das es geht, in seine „Einzelteile" herunterzubrechen.

Jeder einzelne Teil – ein Gebäudeteil (die Produktionshalle, das Bürogebäude), ein Stockwerk, ein Zimmer, eine Ecke oder auch nur ein Gestaltungsdetail (wie ein alter Kachelofen) kann dabei Material für jeweils ein oder mehrere Videos liefern. Dabei ist natürlich auch hier die Grundvoraussetzung jene, dass dieses Gebäude in irgendeinem Zusammenhang mit Ihrem Tun auf Social Media steht. Dafür gibt es grundlegend zwei Varianten:

- Es ist ein Gebäude, das Sie nutzen oder
- es ist ein Gebäude, an dessen Entstehung oder Veränderung Sie mitgewirkt haben (ganz oder in Teilen).

Geeignet für

Haben bzw. benutzen Sie ein halbwegs großes Gebäude? Vielleicht sogar einen ganzen Komplex, der aus ganz unterschiedlichen Einheiten besteht?

Dann könnte dieses Konzept für Sie interessant sein. Zugegeben, wenn Sie als selbstständiger Programmierer in einem 10 m² Büro mit Fenster zum Hinterhof die meiste Zeit über vor dem Bildschirm sitzen, wird dieses Konzept vermutlich nicht ausreichend viel Material für eine Serie ergeben – vielleicht aber für ein einzelnes Video à la *„Hier arbeite ich"*.

Die andere Gruppe von Creatoren, für die Gebäude naturgemäß extrem wichtig sind, sind all jene, die mit Gebäuden beruflich zu tun haben:

- Architekten
- Bauplaner
- Generalunternehmer
- Bau-Projektmanager
- Baumeister
- alle Arten von Handwerkern im Baunebengewerbe
- Hersteller und Lieferanten von Baumaterialien aller Arten

Ideen zu diesem Thema

Um diese auf den ersten Blick etwas emotionslose und inhaltlich dünne Idee zum Leben zu erwecken und Material für eine Reihe von Kurzvideos daraus zu machen, hilft es, wenn Sie das Thema „Gebäude" herunterbrechen auf seine Einzelteile und Aspekte. Dabei können Sie zum Beispiel über Folgendes sprechen bzw. Folgendes zeigen:

- die verschiedenen Gebäudeteile
- einzelne Trakte oder Etagen
- einzelne, besondere Räume
- die Grundkonstruktion
- die Bauart
- die verwendeten Materialien
- die ökologischen Aspekte
- die Entstehung / der Bau
- die Geschichte – wenn Sie zum Beispiel ein historisches Gebäude als Unternehmen nutzen, können Sie allein zur Geschichte schon eine Serie von Videos machen.

Dabei hängt es ganz vom Gebäude und vor allem von Ihrem Business ab, auf welchen Aspekt Sie sich besonders fokussieren.

6. Aktuelle Themen

Die Medienlandschaft wird permanent von aktuellen Themen dominiert. Aktuell kann dabei alles Mögliche bedeuten. Manche Themen sind gerade mal ein oder zwei Tage bei den Spitzeneitern mit dabei (z. B. Sieg oder Niederlage beim Eurovision-Song-Contest), andere dominieren das mediale Geschehen über Wochen, Monate und manchmal – wie die Corona-Krise – sogar Jahre. Wenn Sie es schaffen, Ihr Thema mit einem Thema sinnvoll zu verbinden, das gerade sehr gefragt ist, haben Sie gute Chancen, von der Reichweite des großen Themas etwas abzubekommen.

Dazu müssen Sie das aktuelle mediale Geschehen gut im Auge behalten, vor allem dann, wenn Sie sich an sehr kurzfristige Themen dranhängen wollen. Der Eurovision-Song-Contest ist in den paar Wochen davor potenziell interessant und ergiebig für Videocontent, danach aber nur noch maximal zwei oder drei Tage. Zwei Wochen nach dem Finale interessiert sich genau niemand mehr dafür. Das bedeutet, dass Sie bei den kurzfristigen Themen sehr schnell sein müssen, um Ihre Ideen als Videos zu produzieren und zu posten.

Jemand, der das beachtlich gut macht, vor allem, wenn man bedenkt, dass ein großes Unternehmen mit normalerweise langen Entscheidungswegen dahintersteht, ist Sixt. Da schafft man es bisweilen sogar Entgleisungen irgendwelcher Politiker wenige Tage später in einen provokativen Slogan, für die eigene Marke verpackt, nicht nur zu posten, sondern sogar auf Plakatwänden anzubringen (was ja nochmal deutlich aufwändiger ist). Und wenn so ein großes Unternehmen das kann, dann sollten es alle, die deutlich kleiner und damit deutlich flexibler sind, erst Recht können.

Wenn Sie die Wellen der Themen reiten wollen, die länger aktuell sind – wie zum Beispiel Nachhaltigkeit, Erderwärmung, Gendern, Energiekrise etc. – haben Sie keinen zeitlichen Stress. Voraussetzung für diese Strategie ist es, dass Sie laufend am Puls des Geschehens sind und Nachrichten auf allen möglichen Kanälen konsumieren.

Beispiele

Online-Marketing- und Social-Media-Experte Felix Beilharz verwendet genau diese Idee für seine regelmäßigen Reels unter dem Titel „7x7x7 die Online-Marketing-News". In so einem schnelllebigen Bereich, wo sich Neuigkeiten förmlich überschlagen und die Neuigkeit von letzter Woche schon wieder ein alter Hut ist, liefert dieses News-Format sehr viel Material, um laufend Videos mit frischen Inhalten zu versorgen. Gleichzeitig baut er damit seinen Expertenstatus als der, der immer am Puls des Geschehens ist, stark aus.

Geeignet für

Wenn Sie kreativ sind und die Verbindung zu aktuellen Themen schaffen, ist das eine der besten und aussichtsreichsten Strategien, die für alle möglichen Branchen nutzbar ist. Ein paar Beispiele dazu:

- Der Körperspracheexperte, der die Körpersprache der Kandidaten vor Wahlen analysiert.
- Die Kinderpsychologin, die sich in Ihren Videos mit den Auswirkungen der Corona-Maßnahmen auf Kinder und Jugendliche beschäftigt.
- Der Steuerberater, der steuerliche Tipps im Zusammenhang mit den steigenden Energiekosten gibt.
- Der Architekt oder Bauplaner, der alle Facetten der Nachhaltigkeit von Gebäuden in seinen Videos beleuchtet.
- Die Rhetoriktrainerin, die pointierte Kommentare zu Interviews von Fußballern, Politikern oder Promis gibt.
- Der Installateur, der die Möglichkeiten nachhaltiger Heizsysteme für Einfamilienhäuser und Wohnungen erläutert.
- Eine Fitnessexpertin, die sich in ihren Videos während der Corona-Lock-Downs darauf konzertiert, wie man sich in den eigenen vier Wänden fit halten kann.

Es gibt natürlich immer noch sehr viel mehr Themen als die von mir aufgelisteten und entsprechend dazu auch sehr viel mehr Möglichkeiten der Verknüpfung mit Ihrem Kernthema.

Wenn Sie ohnehin immer gut informiert sind, was gerade so passiert auf der Welt bzw. auch in Ihrer Gegend (diese Strategie ist auch lokal umsetzbar), dann könnte das eine interessante mediale Spielwiese für Sie sein. Der Vorteil ist, dass Sie – wenn Sie sich geschickt anstellen – auch ins Blickfeld der klassischen Medien rücken, was Ihnen ein Interview in einer (großen) Tageszeitung oder auch einen Auftritt in einer abendlichen TV-Diskussionsrunde oder auch im Frühstücksfernsehen einbringen kann.

Ideen zu diesem Thema

Aktuelle Themen können zum Beispiel aus folgenden Bereichen sein:

- Politik – Wahlen, aktuelle politische Diskussionsthemen
- Sport – Spiele und Meisterschaften, national, international oder auch weltweit
- Kultur – darstellende oder bildende Kunst, von klassisch bis modern
- Wirtschaft
  » Finanzen
  » Unternehmen
- Unfälle, Verbrechen oder Ähnliches
- Boulevardthemen – Stars, Sternchen, Promis (A und B), News aus den Königshäusern
- Bildung – Schulen, Berufsausbildung, Erwachsenenbildung
  » Das schlechte Abschneiden bei der Pisa-Studie
  » Die überdurchschnittlichen Ergebnisse eines gesamten Maturajahrgangs

Bei den meisten dieser großen Themenbereiche gibt es immer etwas Aktuelles zu berichten. Die große Herausforderung ist wie gesagt jene, gut informiert zu sein und dann einen Zusammenhang zu Ihrem Thema herzustellen.

7. Zeitlose Themen

Auf der gleichen Strategie basiert es, Ihr Thema mit zeitlosen Themen zu verbinden. Was sind zeitlose Themen?

Das sind solche, die immer über die Jahre hinweg medial interessant sind. Die Abgrenzung zu (brand-) aktuellen Themen ist oft schwer zu treffen. Um an einem Beispiel zu demonstrieren, was ich meine:

- Der Fußballsport mit seinen Spielerstars ist ein zeitloses Thema. Egal ob jetzt gerade Ronaldo oder Messi besonders angesagt ist, Fußball ist ein Thema, das die Massen (in Deutschland vor allem, in Österreich weniger) bewegt.
- Die Fußball-Weltmeisterschaft ist ein aktuelles Thema, das kurzfristig sehr viel stärker medial gehypt ist als der Fußballsport insgesamt.

Was die zeitlosen Themen von den aktuellen vor allem unterscheidet, ist, dass Sie auf die zeitlosen auch eine längerfristige Strategie aufbauen können. Ansonsten gilt im Grunde das vorhin bei den aktuellen Themen Gesagte auch für die zeitlosen.

Die größten und wichtigsten zeitlosen Themen (im deutschen Sprachraum) sind vermutlich:

- Sport – speziell Fußball
- Stars und VIPs
- bekannte Marken
- das Wetter
- Essen und Trinken
- Männer und Frauen
- Schönheit
- Abnehmen

Es kann durchaus sein, dass die Schwerpunkte bei diesen Themen in unterschiedlichen Ländern und Regionen andere sind. So ist – wie erwähnt – der Fußballsport in Österreich kein wichtiges Thema, in Deutschland eines der wichtigsten überhaupt. Eishockey ist in Kanada zumindest so groß wie Fußball in Deutschland, spielt hierzulande aber so gut wie keine Rolle.

Doch auch in kleineren regionalen Bereichen kann es dabei andere Schwerpunkte geben, was für Sie wichtig ist, wenn Sie regional (auf eine Stadt oder eine Gegend) ausgerichtet sind.

Um beim Sport zu bleiben, so ist Handball in Bregenz ein sehr wichtiges Thema, spielt im Rest von Österreich und auch in Deutschland insgesamt nur eine kleine Nebenrolle.

Diese Unterschiede kann es natürlich nicht nur beim Sport, sondern auch bei anderen Themen geben, wenngleich sie beim Sport, aufgrund von besonders starken lokalen Mannschaften oder Sportlern vielleicht häufiger vorkommen.

Beispiele

Money-Coach Michael Serve setzt zum Beispiel in einem seiner Instagram-Reels auf diese Idee. Unter dem Aufhänger „Diese Ex-Fußball-Stars sind pleite" bringt er einige Beispiele von Fußballern, die mit dem Ball auf dem Spielfeld viel besser waren als mit ihren Finanzen. Daran sieht man sehr gut, wie man das Thema Fußball mit anderen Themen gut verbinden kann.

Geeignet für

Diese Idee sehe ich nicht im Zusammenhang mit bestimmten Produkten, Leistungen oder Branchen, sondern ist für alle geeignet, die genug Kreativität haben, ihren Themenschwerpunkt mit einem breiten Thema sinnvoll zu verbinden.

Ideen zu diesem Thema

Wir könnten Ideen zu diesem Thema in diesem Fall auch einmal anders suchen, indem wir von einem Beispiel ausgehen und dieses auf verschiedene Branchen umlegen.

Lassen Sie uns das sehr ergiebige Thema Stars und VIPs dafür heranziehen. Was könnten ganz unterschiedliche Berufe oder Unternehmen auf Ihren Kanälen daraus machen? Das könnte dann zum Beispiel so aussehen:

- Finanzberaterin: Was verdienen die Stars und womit?
- Social-Media-Experte: Wie gut betreiben die Stars ihre Social-Media-Kanäle?

• Ernährungsberaterin:

> » Wie ernähren sich Stars?
>
> » Was sind ihre Geheimnisse, um schlank zu bleiben?
>
> » Welche Stars sind übergewichtig und warum? – Und welche zu dünn?

• Fitnesstrainer:

> » Wie fit sind die Stars?
>
> » Womit halten sich Stars fit?

• Stil- und Typberaterin / Modeexperte:

> » Wie kleiden sich die Stars?
>
> » Tops und Flops bei Kleidung, Frisur und Kosmetik

• Immobilienmaklerin

> » Wie und wo wohnen die Stars?
>
> » Was kosten die Häuser der Stars?
>
> » Welche Häuser der Stars werden gerade verkauft?

• Körperspracheexperte

> » Was sagt die Körpersprache von Stars aus?

• Gebrauchtwagenhändler

> » Welche Autos fahren Stars?
>
> » Wie viel kosten die Autos der Stars?

• Restaurantkritiker

> » Welcher Star speist wo?
>
> » Was sind die Lieblingsspeisen der Stars?

Sie sehen, was die Grundidee ist und was man aus ihr – vielleicht auch für Ihre Kanäle – machen kann. Nachdem es vermutlich schwierig bis nicht möglich sein wird, diese Stars zum Thema zu interviewen, könnten die Videos Zusammenschnitte aus Bildern oder Videosequenzen sein, die Sie als Expertin bzw. Experte dann kommentieren. Dabei müssen Sie besonders darauf achten, dass Sie keine Bild- oder Filmrechte verletzten. Sollten Sie diese Strategie nutzen wollen, um Ihre Videos damit zu befüllen, empfehle ich Ihnen, sich zum Thema „Film- und Bildrechte" genau zu informieren und ggfs. Diesbezüglich auch ein wenig Zeit und Geld in eine anwaltliche Beratung zu investieren.

8. Wiederkehrende Anlässe

Im Laufe eines Jahres gibt es Anlässe (im weitesten Sinne), die sich wiederholen. Die Klassiker unter diesen (im deutschsprachigen Raum) sind:

- Weihnachten
- Silvester
- Ostern
- Valentinstag
- Muttertag und Vatertag
- Fasching bzw. Karneval – in manchen Regionen wichtiger als alle anderen zusammen, wie mir aus meiner Zeit in Köln noch sehr gut in Erinnerung ist
- Schulschluss und Schulbeginn
- Halloween – hat in den letzten Jahren deutlich an Bedeutung gewonnen
- vielleicht noch Nikolaus (und in Österreich auch Krampus)

Je nach Land, Nationalität oder auch Stadt bzw. Region gibt es da auch noch Weitere, die wichtig sein können.

Das Schöne daran aus Sicht eines Content-Creators ist, dass diese sehr vorhersehbar und damit planbar sind. Sie können im Juni bereits die Videos für die Weihnachtssaison vorbereiten, denn die kommt so sicher wie das Amen in der Kirche. Ein weiterer Vorteil ist, dass Sie, ohne ein allzu schlechtes Gewissen haben zu müssen, die Videos vom letzten Osterfest zum nächsten wiederverwenden können.

Vielleicht mit kleinen Änderungen, vielleicht neu geschnitten, vielleicht sogar neu aufgenommen (was im Normalfall auch kein großer Aufwand ist) aber dennoch wiederverwenden. Die Gefahr, dass sich jemand darüber beschwert, ist aus den im ersten Teil des Buches erwähnten Gründen gegen Null gehend. Ganz im Gegenteil könnten Sie diese sogar ganz bewusst zum **„Klassiker"** machen, so wie auf bestimmten Fernsehsendern jedes Jahr zu Silvester derselbe Film – **„Dinner for one"** – läuft.

Geeignet für

Natürlich tun sich Gärtner und Floristen zum Valentinstag oder Muttertag besonders leicht, Inhalte für Ihre Videos zu kreieren, genau so wie Gaststätten in Köln zum Karneval. Und Sportartikelhersteller haben mit dem Thema Fußball ein Heimspiel. Doch wie Sie gleich sehen werden, muss man die Grenzen definitiv nicht so eng ziehen. Anlässe dieser Art sind für sehr viele Berufsgruppen und Themen einsetzbar.

Ideen zu diesem Thema

Auch hier lassen sich, wenn wir uns nur kurz auf die Suche machen, viele Ideen innerhalb dieses Themas für alle möglichen Branchen und Bereiche finden. Ein paar Beispiele dazu:

- Der Paarcoach:
  - » Wie man Streit zu den Feiertagen vermeidet
- Der Buchhändler:
  - » Die besten Bücher als Weihnachtsgeschenke für Kinder (wobei man unterschiedliche für die jeweils einzelnen Altersklassen verwenden kann)
  - » Die besten Büchergeschenke für Menschen, die schon alles haben
- Das Papierfachgeschäft / der Büroartikelhandel / der Geschenkpapierhersteller:
  - » Einfache Tricks & Hacks, wie man Weihnachtsgeschenke mit wenig Aufwand großartig verpackt
- Die Psychotherapeutin:
  - » Wie man Weihnachten allein verbringt, ohne in Depressionen zu verfallen
- Der Gärtner:
  - » So bleiben Christbäume lange schön und frisch
- Nageldesigner:
  - » Fingernägel weihnachtlich gestalten

- Steuerberater:
    » Wie man Weihnachtsgeschenke ganz legal vom Finanzamt mitbezahlen lässt
- Fotografen:
    » Wie man tolle Familienfotos unter dem Christbaum macht

Und? Haben Sie schon eine Idee oder sogar mehrere, welche Arten von Videos Sie zu Weihnachten machen können? Schreiben Sie diese gleich auf, was Sie im Übrigen ganz generell mit all Ihren Videoideen machen sollten. Sie werden Sie brauchen. Das nächste Weihnachten kommt, meist schneller als uns lieb ist.

9. How To Videos

Sehr schön zu verarbeiten, oft praktisch sehr hilfreich für die Betrachter und daher oft auch sehr beliebt sind How-to-Videos. Dabei handelt es sich um Videos, in denen gezeigt wird, wie etwas gemacht wird. Das kann natürlich auch ein Expertentipp oder Hack sein. So gesehen überschneiden sich diese Ideen. Es könnten aber auch einfach Einblicke in den Arbeitsalltag oder in Produktionsabläufe sein, die Fragen beantworten wie:

- Wie wird ein Boden verlegt?
- Wie werden Augen vom Optiker vermessen?
- Oder auch wie wird ein Autoreifen produziert?

Eine Variante davon, die dem How-to-Video extrem ähnlich und manchmal von diesem auch kaum zu unterscheiden ist, ist das Making-of-Video. Sie kennen das vermutlich von Filmen, zu denen als kurze Doku ein eigener Making-of-Film gedreht wird. Manchmal sind es auch nur ein paar misslungene und daher oft sehr unterhaltsame Szenen, die im Abspann des Films gezeigt werden. Bei Jackie-Chan-Filmen sind solche zum Beispiel immer wieder mal zu sehen. Ich erwähne diese Variante deshalb, weil es Sie beim Brainstormen auf andere Ideen bringen könnte. Wozu könnten Sie ein Making-of drehen?

Geeignet für

Diese Art von Kurzvideos ist besonders geeignet für all diejenigen, die etwas Physisches zu zeigen haben. Das kann ein Produkt und seine Herstellung sein oder eine Dienstleistung, bei der physische Produkte be- oder verarbeitet werden. Aber auch alle Arten von Reparaturen lassen sich in How-to-Videos bestens verarbeiten. Diese Grundidee eignet sich gleichermaßen gut für Kanäle, wo Sie selbst im Mittelpunkt stehen oder aber auch für größere Unternehmen, wo das Unternehmen oder ein bestimmtes Produkt der Star sein soll.

Ideen zu diesem Thema

Was könnte alles gezeigt werden? Lassen Sie uns das diesmal am Beispiel eines Bodenlegers ein wenig detaillierter ausarbeiten. Ein paar Beispiele für mögliche Videoinhalte dazu:

- Wie macht man ein sauberes Randfries?
- Wie verlegt man Parkett ordentlich in Ecken?
- Wie ergänzt man einzelne Stäbe in einem Parkett?
- Wie plant und verlegt man ein Fischgrätparkett?
- Wie integriert man ein Heizungsrohr, das aus dem Boden ragt, ordentlich in ein Parkett?
- Wie wird ein Parkett restauriert?
- Wie und womit pflegt man ein Parkett?
- Wie kürzt man eine Türe, nachdem das Parkett verlegt ist?
- Wie verlegt man ein Parkett entlang von runden Wänden?

Das Beispiel des Bodenlegers habe ich deshalb gewählt, weil es auf den ersten Blick unspektakulär und nahezu langweilig erscheint, aber dennoch, wie der Wiener Bodenleger Roman Romanenko zeigt, sehr erfolgreich sein kann. Er erzielt mit How-to-Videos erstaunliche Reichweiten und Followerzahlen auf TikTok (über 600.000 Follower) und Instagram (über 100.000 Follower).

In seinem hörenswerten YouTube-Interview auf dem Kanal von ithelps erklärt er ganz pragmatisch, wie er seine Social-Media-Videoarbeit in seinen Arbeitsalltag integriert. Sie finden all das und weitere gut gemachte How-to-Videos auf Social Media natürlich auf der Ressourcenseite zu diesem Buch.

10. V-LOG Tagebuch

Manche Kanäle erzielen auch sehr hohe Reichweiten, indem die Betreiber einfach über den Tag verteilt immer wieder kurze Sequenzen aus ihrem Alltag als Videos posten. Für sich genommen sind diese Videos oft gar nichts Besonderes und in keinerlei Hinsicht bemerkenswert.

Das Interessante daran ist weniger das einzelne Video, sondern das Gesamtkonzept. Die Creatoren geben ihren Fans auf diese Art und Weise (manchmal sehr private) Einblicke in ihren Alltag und ihre Gedankenwelt. Besonders gut funktioniert dieses Konzept natürlich bei all jenen, die bereits einen gewissen Bekanntheitsgrad haben.

Influencer mit vielen (oft jugendlichen) Fans brauchen meist gar nicht viel mehr zu tun als genau das. Als Außenstehender fragt man sich angesichts so mancher Banalitäten, wie solche Videos so gut funktionieren können und doch tun sie es. Natürlich kann es auch funktionieren, mit diesem Konzept Reichweite aufzubauen.

Geeignet für

Es ist sicher kein Konzept für jeden Kanalbetreiber, doch für einige sehr gut passend. Zum Beispiel wird es erfolgreich angewandt in Bereichen wie:

- Mode und Beauty
- Jugendliches Zielpublikum
- Stars, Sternchen und VIPs
- Sport und Fitness

Doch gerade, weil es sich dort vielleicht gar nicht so aufdrängt, kann es in vollkommen artfremden Bereichen ein Hingucker sein. Was ist, wenn das zum Beispiel folgende Creatoren umsetzen würden:

- Ein Straßenkehrer,
- ein Würstelstandbetreiber,
- ein Tatortreiniger oder
- eine Toilettenfrau.

Ich bin überzeugt, dass es dabei positive Überraschungen in Sachen Reichweite und Interaktionen mit Followern geben könnte.

Ideen zu diesem Thema

Eine Menge Ideen innerhalb dieses Konzeptes findet man einfach dadurch, dass man ganz regelmäßig im Alltag kurze Pausen einlegt, um den Moment auf Video festzuhalten. Wie oft das ist, hängt davon ab, wie viel Zeit Sie investieren wollen bzw. können und wie viele Videos Sie pro Tag produzieren wollen. Das können so alltägliche Dinge sein wie:

- ich selbst gleich nach dem Aufstehen und nach der Morgentoilette
- beim Rasieren
- beim Zähneputzen mit richtig viel Schaum vor dem Mund
- beim Frühstücken
- Was ziehe ich bloß heute wieder an?
- die Fahrt ins Büro mit Stau oder Gedränge in der U-Bahn
- am Kaffeeautomaten im Büro

Alles in allem eine Aneinanderreihung alltäglicher Vorkommnisse, die in ihrer Gesamtheit den heutzutage verbreiteten Voyeurismus in der Gesellschaft bedienen. Das muss man wirklich mögen, um dieses Konzept umzusetzen.

11. Parodien

Etwas, das die Menschen zum Lachen bringen kann, sind Parodien. Und Lachen ist meist ein Garant für hohe Reichweiten und Sichtbarkeit auf Sozialen Medien. Parodien können Sie zum Beispiel ganz einfach machen, indem Sie andere, bekannte

- Personen,
- Videos und Filme,
- Musikstücke,
- Tänze,
- Szenen und Ereignisse oder
- Werke aller Art

humorvoll verzerren oder übertreiben.

Eine kurze Anleitung dazu:

Um eine Parodie zu erstellen, können Sie die folgenden Schritte befolgen:

1. Wählen Sie ein bekanntes Thema: Entscheiden Sie sich für etwas, das vielen Menschen vertraut ist, wie zum Beispiel ein populäres Buch, einen Film, eine TV-Serie, einen Song oder eine berühmte Persönlichkeit.

2. Analysieren Sie das Original: Untersuchen Sie das Originalwerk sorgfältig und identifizieren Sie seine charakteristischen Merkmale, Stilelemente und Klischees. Achten Sie auf wichtige Charaktere, Dialoge, Handlungsstränge oder visuelle Aspekte, die sich leicht übertreiben oder verzerren lassen.

3. Übertreiben und verzerren Sie: Die Essenz einer Parodie liegt darin, die Merkmale des Originals zu übertreiben und zu verzerren. Stellen Sie sie auf absurde Weise dar, übertreiben Sie die Persönlichkeiten der Charaktere, verändern Sie den Kontext oder kreieren Sie absurde Situationen.

4. Verwenden Sie Humor und Satire: Parodien basieren auf Humor und Satire. Nutzen Sie Wortspiele, Ironie, Übertreibungen, Slapsticks oder andere komische Elemente, um die Lacher Ihrer Zuschauer zu gewinnen.

5. Und besonders wichtig: Achten Sie auf Urheberrechte! Beachten Sie, dass urheberrechtlich geschützte Werke möglicherweise nicht ohne Erlaubnis parodiert werden dürfen. Achten Sie darauf, dass Ihre Parodie als klar erkennbare Satire oder kreative Neuinterpretation erkennbar und nicht zu nah am Original ist.

Denken Sie daran, dass Parodien eine Form des kreativen Ausdrucks sind und Spaß machen sollen. Seien Sie respektvoll gegenüber dem Originalwerk bzw. der Person, die Sie parodieren (was zugegebenermaßen in manchen Fällen nicht leichtfällt) und nutzen Sie die Parodie, um auf humorvolle Weise zum Nachdenken anzuregen.

Geeignet für

Parodien sind nicht jedermanns Sache. Derartige humorvolle bis bizarre Darstellungen passen nicht zu jeder Branche. Stellen Sie sich vor, ein Banker, ein Bestatter oder ein Rechtsanwalt würden dieses Konzept auf ihren Kanälen umsetzen.

Wie glaubwürdig wären sie noch in ihrer Tätigkeit? Was würde das für ihr Image tun?

Optimal einsetzbar sind sie hingegen für alle, die ohnehin in der reinen Unterhaltungsbranche tätig sind – Schauspieler, Kabarettisten, Komiker und Influencer, die ohne ein bestimmtes Expertenthema einfach sich selbst vermarkten, wie es z. B. Kim Kardashian – ziemlich humorlos, aber extrem erfolgreich – vorzeigt.

Ideen zu diesem Thema

Wie könnten einzelne Berufsgruppen Parodien in Kurzvideos umsetzen? Es können sich aber durchaus auch ganz alltägliche Berufe und Unternehmen dieses Stilmittels in ihren Videos bedienen, wenn es zur Positionierung passt und sie nicht, wie erwähnt, in der super-seriösen Ecke angesiedelt sind.

Dabei ist es wichtig, dass die Parodie das Image der Creatoren in ihrem eigentlichen Beruf nicht stört. So wäre es zum Beispiel machbar, dass …

- ein Taxifahrer, während er auf den nächsten Fahrgast wartet, bekannte Taxiszenen aus Hollywood-Filmen parodiert,
- ein Reinigungsdienst sich als „Wir sind die, die echt Spaß haben bei der Arbeit" in Social-Media-Videos darstellt,
- eine Blumenhändlerin verschiedene Arten von Kunden parodistisch übertrieben darstellt,
- ein Sprachlehrer, der sich über die schlechte Aussprache der Schüler (nicht einzelner, sondern ganz allgemein) lustig macht oder
- ein Personal-Trainer, die unterschiedlichen Typen von Klienten beim Fitnesstraining parodistisch überzogen darstellt.

Ich selbst setze Parodien vorsichtig, aber sehr erfolgreich ein. In meiner Serie „Verschiedene Verkäufertypen" mache ich mich ein wenig über solche extremen Verhaltensweisen mancher Verkäufer lustig. Wie die Reichweiten der Videos zeigen, spricht das meine Follower auf Instagram und TikTok ebenso an.

12. Vorher / nachher

Beim Vorher-Nachher-Konzept liegt die Idee zugrunde, zuerst einen Ausgangszustand zu zeigen und dann den transformierten Endzustand. Dabei können die beiden Zustände auch mit einer Zeitraffersequenz verbunden werden.

Um das an einem Beispiel zu erklären: Eine Kosmetikerin zeigt Ihre Kundin, wie sie zu Beginn der Behandlung aussieht, dann die Behandlung im Zeitraffer (wobei das kein Muss ist) und dann das hoffentlich sehr viel schönere Endergebnis. Dieses Konzept bietet Material für lange Serien von Videos in allen möglichen Bereichen, in denen starke Veränderungen stattfinden und diese bei jedem neuen Klienten oder auch Projekt wiederholt werden.

Geeignet für

Dieses Konzept eignet sich gemäß seiner Beschreibung für eine ganze Reihe von Berufen, oft im Dienstleistungsbereich, bei denen eine Veränderung im Mittelpunkt steht bzw. Ziel der Dienstleistung ist.

Ideen zu diesem Thema

Ein paar Beispiele und Ideen, wie Sie dieses Konzept in Ihrem Bereich umsetzen können:

• Schönheits- und Wellnessbranche

Friseure, Make-up-Artists, Nageldesigner, Kosmetiker und Spa-Anbieter können Vorher-Nachher-Videos nutzen, um die Transformationen ihrer Kunden zu präsentieren.

• Fitness- und Gesundheitsindustrie

Personal-Trainer, Fitnessstudios oder Ernährungsberater können mit Vorher-Nachher-Videos die körperlichen Veränderungen und Erfolge ihrer Kunden demonstrieren.

• Innenarchitektur und Raumgestaltung

Designer oder Innenausstatter können Vorher-Nachher-Aufnahmen nutzen, um die Veränderungen von Räumen oder Wohnungen zu zeigen, indem sie beispielsweise auf eine neue Einrichtung oder Farbgestaltung hinweisen.

• Heimwerken und Renovierung

Handwerker, Bauunternehmen oder Renovierungsexperten können Vorher-Nachher-Videos nutzen, um die Transformation eines Raums oder eines Gebäudes zu präsentieren, sei es eine Küchensanierung, eine Badrenovierung oder eine komplette Hausmodernisierung.

• Gewichtsverlust und Ernährung

Coaches oder Ernährungsexperten können Vorher-Nachher-Videos verwenden, um die körperliche Veränderung oder den Erfolg ihrer Kunden auf dem Weg zum Gewichtsverlust zu zeigen.

• **Mode und Styling**

Modeberater, Stylisten oder Modelabels können Vorher-Nachher-Videos nutzen, um den Wandel eines Looks oder die Umgestaltung eines Outfits zu zeigen.

• **Hausreinigung und Organisation**

Reinigungsunternehmen oder Experten für Haushaltsorganisation können Vorher-Nachher-Aufnahmen verwenden, um den Unterschied und die Verbesserung eines unordentlichen oder verschmutzten Raums nach ihrer Arbeit zu zeigen.

Wie könnten Sie die Vorher-Nachher-Strategie in Ihren Videos umsetzen?

13. Mythen

In vielen Branchen gibt es Mythen. Das sind Informationen oder Geschichten, die allgemein bekannt sind und häufig auch als wahr angesehen werden, obwohl keine Fakten oder Beweise für den Wahrheitsgehalt existieren. Bei genauerer Betrachtung sind diese oft falsch oder nicht mehr richtig (obwohl sie es vielleicht irgendwann einmal waren), werden aber dennoch weitererzählt und so behandelt, als ob sie wahr wären.

Ein Beispiel dazu: Ein Mythos im Verkauf lautet, dass man als Verkäufer geboren sein muss. Das stimmt aus meiner Sicht nicht. Verkaufen ist eine Tätigkeit bzw. Fähigkeit, die man – wie vieles andere auch – erlernen kann. Die Idee in diesem Konzept ist es, diese Mythen zu widerlegen. Das können Sie zum Beispiel in einem Video je Mythos tun. Listen Sie in einem ersten Schritt alle Mythen auf, die es in Ihrem Tätigkeitsbereich gibt. Lassen Sie sich dann einen Gegenstandspunkt, also eine Richtigstellung einfallen, die Sie in Ihrem Video vertreten.

Je gegensätzlicher Ihr Standpunkt ist, umso spannender ist er und umso größer sind die Chancen, damit aufzufallen. Nebenbei erwähnt sei, dass diese Strategie auch sehr gut geeignet ist, um bei klassischen Medien Gehör zu finden.

Geeignet für

Mythen sind für all jene Branche geeignet, in denen es Mythen gibt, die allgemein bekannt sind und die oft für wahr gehalten werden. Besonders häufig gibt es solche Mythen naturgemäß in Bereichen, die von breitem, allgemeinem Interesse sind. Sie werden zum Beispiel sicher fündig, was Mythen angeht bei:

- **Gesundheit und Medizin:**

Es gibt zahlreiche Mythen rund um Gesundheit und medizinische Themen wie alternative Heilmethoden, Ernährung, Gewichtsverlust, Krankheiten und deren Behandlung. Beispiele dafür sind der Glaube an Wunderheilungen, das Vorhandensein von „Superfoods" oder die Überzeugung, dass bestimmte Nahrungsmittel oder Getränke spezifische Krankheiten heilen können.

- **Ernährung und Diäten:**

Der Bereich der Ernährung und Diäten ist stark von Mythen geprägt. Dazu gehören Überzeugungen über bestimmte Nahrungsmittel oder Diätansätze, wie beispielsweise der Glaube, dass Kohlenhydrate grundsätzlich zu Gewichtszunahme führen oder dass eine bestimmte Diät alleinige Lösung für alle Gesundheitsprobleme ist.

- **Fitness und Sport:**

In Bezug auf Fitness und Sport gibt es viele Mythen und Fehlinformationen, insbesondere in Bezug auf Trainingstechniken, Muskelaufbau, Gewichtsverlust und Supplemente. Beispiele hierfür sind der Mythos, dass Frauen durch Krafttraining „männlich" werden oder dass bestimmte Übungen gezieltes Fett verbrennen können.

- **Finanzen und Geld:**

Der Bereich der Finanzen ist ebenfalls von Mythen und Fehlinformationen durchzogen. Hierzu gehören Vorstellungen über schnelle Reichtumsversprechen, betrügerische Geldanlagemöglichkeiten oder das Missverständnis, dass alle Schulden grundsätzlich schlecht sind.

Ideen zu diesem Thema

Lassen Sie uns zum Thema Mythen im Bereich Gesundheit zum Beispiel auf der Suche nach konkreten Ideen in die Tiefe graben.

Welche Mythen bezüglich der Gesundheit sind hartnäckig?

- **Mythos: „Man sollte acht Gläser Wasser pro Tag trinken.“**

Tatsächlich gibt es keine feste Regel für die tägliche Wasseraufnahme. Der Wasserbedarf variiert je nach individuellen Faktoren wie Körpergröße, Aktivitätsniveau und Klima.

- **Mythos: „Eier erhöhen den Cholesterinspiegel und sind ungesund.“**

Moderater Eierkonsum ist in der Regel unbedenklich und kann Teil einer gesunden Ernährung sein. Das in Eiern enthaltene Cholesterin beeinflusst den Cholesterinspiegel im Blut nur begrenzt.

- **Mythos: „Zucker verursacht ADHS (Aufmerksamkeitsdefizit-Hyperaktivitätsstörung).“**

Es gibt keinen wissenschaftlichen Beweis dafür, dass Zucker ADHS verursacht oder verschlimmert.

- **Mythos: „Das Schielen verursacht dauerhafte Augenprobleme.“**

Das vorübergehende Schielen, insbesondere bei Kindern, ist normalerweise kein Grund zur Sorge und führt nicht zu dauerhaften Augenproblemen.

- **Mythos: „Nur Menschen mit hohem Blutdruck sollten ihren Salzkonsum reduzieren.“**

Ein hoher Natriumkonsum kann das Risiko für Bluthochdruck erhöhen, aber eine moderate Salzaufnahme ist für die meisten Menschen sicher und notwendig.

- **Mythos: „Detox-Diäten sind effektiv zur Entgiftung des Körpers."**

  Der Körper hat bereits ein eingebautes Entgiftungssystem, bestehend aus Leber, Nieren und Darm. Detox-Diäten sind in der Regel nicht notwendig und können sogar ungesunde Essgewohnheiten fördern.

Diese Mythen habe ich soeben recherchiert, nur um Ihnen zu zeigen, dass es sie gibt und wie einfach und rasch es geht, Mythen in allen möglichen Bereichen zu finden. Da ich kein Gesundheitsexperte bin, weiß ich nicht, ob der Mythos tatsächlich wahr ist oder nicht und vielmehr, ob die Gegendarstellung richtig ist. Wenn Sie Gesundheitsexperte sind, sollten Sie das allerdings sehr viel besser beurteilen können als ich und das sollten Sie – gerade bei Mythen – auch gewissenhaft tun.

14. Produktrezensionen

Produktrezensionen (es könnten natürlich auch Rezensionen von Leistungen sein) sind als Konzept leicht erklärt: Sie als Expertin bzw. Experte beurteilen ein Produkt oder eine Leistung und geben dazu eine gute oder weniger gute Bewertung ab.

Sie können das entweder rein verbal beschreiben oder auch Punkte, Sterne oder Noten vergeben. Auch eine Bewertung in verschiedenen Kategorien wäre nicht nur denkbar, sondern ist auch weit verbreitet.

Sie kennen das Konzept sicher von allen möglichen Bewertungsplattformen, die Sie selbst nutzen. Tripadvisor, eine der international größten Plattformen zur Bewertung von Hotels, Sehenswürdigkeiten, Restaurants und allem, was mit dem Thema Reisen zu tun hat, lässt die Nutzer der Plattform ein Hotel zum Beispiel nach folgenden Kriterien bewerten:

- Lage,
- Sauberkeit,
- Service und
- Preis-Leistungs-Verhältnis.

Je nachdem, was Ihr Thema ist, können Sie sich passende Kategorien überlegen und diese im Video zum Beispiel auch optisch effektvoll umsetzen, indem Sie zu jeder Bewertungskategorie, die Sie besprechen, ein Schild mit Ihrer Wertung hochhalten.

Oft werden Produktrezensionen als (fast) einziges Konzept auf Kanälen genutzt, deren Betreiber das sogar als Geschäftsmodell betreiben. Dabei könnte man noch unterscheiden zwischen:

- unbezahlten, kritischen Rezensionen (die gut oder schlecht ausfallen können) oder
- bezahlten und sehr wohlmeinenden Bewertungen, die eher als Werbung gesehen und auch als solche deutlich gekennzeichnet werden müssen, statt als tatsächliche ehrliche Bewertung.

Dabei will ich weder das eine als gut noch das andere als schlecht bewerten. Welche Variante Sie ggfs. für Ihre Kanäle nutzen und wie, hängt von Ihrem Geschäftsmodell und von der Strategie ab, mit der Sie Ihre Social-Media-Kanäle betreiben.

Beispiele

Online-Marketing-Experte und Agenturchef Sebastian Sens schafft es, mit Buchrezensionen gute Reichweiten und viele Likes auf seinem Instagram-Kanal zu erzielen. Dabei werden von ihm in sehr authentischer und sympathischer Art und Weise vor allem Business-Bücher vorgestellt und rezensiert.

Das ist eine Art der Produktrezension, die Creatoren in verschiedensten Tätigkeitsbereichen nutzen können.

In einem anderen Bereich ist Martin Puttler sehr erfolgreich mit Produktrezensionen. Unter #derputtler betreibt er sehr erfolgreiche Kanäle auf Instagram und TikTok mit mehr als 100.000 Followern. Dabei testet er Lokale – vor allem Burgerlokale – und verpackt seine Tests in sehr appetitanregende Videos.

Geeignet für

Geeignet ist dieses Konzept vor allem für Experten in einem bestimmten Bereich und vermutlich weniger für Unternehmen (wenngleich es ja auch große und bekannte Bewertungsunternehmen gibt, wie Michelin in der Gastronomie zum Beispiel).

In folgenden Branchen oder für die folgenden Produkte und Leistungen, kann dieses Konzept gut angewendet werden:

- **Mode**

  Stylingexperten können Ihre Kommentare zu allen möglichen Kleidungsstücken und Accessoires abgeben.

- **Kosmetik**

  Kosmetiktesterinnen, die verschiedenste Kosmetikprodukte selbst vor laufender Kamera ausprobieren und dann ihre Wertung abgeben, sind auf den Sozialen Medien häufig anzutreffen. Viele Influencerinnen machen genau das.

- **Filme**

  Auch Filme werden gerne rezensiert – von Profis und auch privat. Dabei können Sie Ihre Bewertungen auch sehr einfach in verschiedene Kategorien einteilen – Plot / Handlung, schauspielerische Leistung, Schnitt, Effekte etc.

- **Autos**

  Als Autoexperte können Sie quer durch die Marken alle Modelle bewerten. Das hat den Vorteil, dass Sie diese recht einfach probefahren und sich dabei filmen (lassen) können. Das gibt eine Menge schönes Videomaterial.

- **Restaurants**

  Rezensionen zu Restaurants können nicht nur die großen Unternehmen machen, die die bekannten Sterne vergeben, sondern bieten auch viele Möglichkeiten für Experten aller Art, ihre Videos mit interessanten Inhalten zu füllen. Ob das nun der Restauranttester ist, die Serviceexpertin, eine Reisebloggerin, die über eine bestimmte Stadt oder Gegend berichtet oder Sie einen kuriosen Kanal betreiben, der sich rein auf die Bewertung und filmische Dokumentation der Toilettenanlagen von Gastronomiebetrieben (Sie werden es vielleicht nicht glauben, aber dazu gibt es sogar Bildbände) konzentriert hat – die Möglichkeiten für Video-Content sind vielfältig.

- **Nahrungsmittel und Getränke**

Auch außerhalb von Restaurants können natürlich Nahrungsmittel und Getränke von allen möglichen Spezialisten und Expertinnen bewertet werden. Die Themen können zum Beispiel sein: Bio, Wein, Gin, Gebäck, Gemüse, Obst, Fleisch etc.

- **Hotels**

Hotelbewertungen haben Tradition. Diese mittels Aufnahmen, die Sie selbst machen, in kurze Videos zu verpacken, ist relativ einfach zu bewerkstelligen.

- **Technikprodukte**

Experten oder Influencer in den Bereichen Technologie und Elektronik können Kurzvideos nutzen, um Produkte wie Smartphones, Laptops, Kameras oder Gadgets zu bewerten und deren Funktionen zu präsentieren.

Ideen zu diesem Thema

Bei diesem Konzept der Bewertungsvideos geht man typischerweise nicht in die Tiefe, sondern eher in die Breite. Diesbezüglich sind im vorhergegangenen Abschnitt schon etliche Ideen eingeflossen. Das Prinzip dahinter ist oft das, dass Sie in Ihrem Bereich immer wieder andere (aber vergleichbare) Produkte Ihrer Bewertung unterziehen. Ob das nun 100 Hotels sind, 100 Weine oder 100 Autos ist vom Prinzip her dasselbe. Sie brauchen daher mit diesem Konzept nicht viel Kreativität, sondern viel Durchhaltevermögen. Es ist eine Idee, immer und immer wieder umgesetzt, mit der Sie Ihre Social-Media-Kanäle füllen können.

15. Mitarbeiter vorstellen

Ein bewährtes und ebenso einfach umsetzbares Konzept ist es, Mitarbeiter per Video vorzustellen. Das können Sie im Format eines Monologes der Person machen, wobei das bei kameraunerfahrenen Menschen größere Widerstände hervorrufen könnte. Einfacher umsetzbar ist ein Interview – egal ob Sie als Interviewer auch zu sehen sind, oder von außerhalb des Bildes Ihre Fragen stellen.

Damit es ein Kurzvideo bleibt, sollten maximal drei Fragen und drei kurze Antworten (Die Serie könnte zum Beispiel heißen „3 Fragen, 3 Antworten") darauf sein. Wenn Sie mehr interessante Fragen bzw. Antworten haben, dann machen Sie mehrere Videos draus.

Ob Sie mit diesen Videos auch gute Reichweiten erzielen, hängt stark von den Fragen ab, die Sie den Menschen stellen. Je ausgefallener und interessanter die Fragen sind, desto spannender ist es für Ihre Zuseher, sich diese Videos auch anzusehen. Langweilige Menschen mit 08/15-Fragen auf Video gebannt werden niemanden interessieren.

Geeignet für

Das Konzept bietet sich vor allem an, wenn Sie entweder ausreichend viele Mitarbeiter (mit 10 könnten Sie schon eine nette kleine Serie machen) haben, die dafür zur Verfügung stehen.

Ideen zu diesem Thema

Welche Ideen lassen sich innerhalb dieses Konzeptes verwirklichen? Sie könnten zum Beispiel die Mitarbeiter sich vorstellen lassen und dabei Themen / Punkte als roten Faden vorgeben bzw. auch in Form von Interviewfragen stellen. Standardfragen, die für jede Branche passen, könnten etwa sein:

- Warum arbeiten Sie hier? Warum haben Sie sich hier beworben?
- Was lieben Sie an Ihrem Job? Was nervt Sie?

- Was sind Ihre Hobbies?
- Was essen Sie am liebsten? Welches Essen ekelt Sie an?
- Wo waren Sie schon oft im Urlaub? Wo möchten Sie unbedingt einmal einen Urlaub verbringen?
- Welche Person bewundern Sie am meisten und wofür?
- Was fahren Sie für ein Auto und warum?
- Worauf könnten Sie am wenigsten verzichten? Worauf am leichtesten?
- … etc.

Natürlich ist es am besten, wenn die Fragen zum Unternehmen bzw. zum Produkt passen. So könnte zum Beispiel ein Unterwäschehersteller Mitarbeiter oder Kunden fragen:

- Welche Art Unterwäsche tragen Sie heute?
- Was hassen Sie an Unterwäsche?
- Was ist die ausgefallenste Unterwäsche, die Sie besitzen – und zu welchen Anlässen tragen Sie diese?
- Haben Sie schon einmal keine Unterwäsche unter Ihrer Kleidung getragen? (zugegeben, eine gewagte Frage, aber auch eine, die Ihr Video interessanter macht)

Wie weit Sie sich mit Ihren Fragen vorwagen, müssen Sie selbst entscheiden. Ich würde aber bei diesem Format dringend empfehlen, sehr intensiv über ausgefallene, ungewöhnliche und auch etwas indiskrete Fragen nachzudenken.

16. Testimonials

Kunden zu befragen hat Tradition und das in allen möglichen Facetten – kurze Fragen, längere Umfragen oder auch Gruppendiskussionen mit Kunden zu bestimmten Themen für Zwecke der Kundenzufriedenheitsmessung, Verbesserung der Prozesse und Leistungen oder auch der Entwicklung neuer Produkte und Angebote.

Speziell Kundeninterviews werden sehr gerne auch für Podcasts oder längere Videos für YouTube verwendet. Doch auch die Kurzform ist möglich. Wie bei den Mitarbeitern können Sie Kunden für Kurzvideos maximal drei Fragen stellen. Oder aber Sie führen für lange Videoformate ausführliche Gespräche mit Kunden und schneiden dann passende Teile davon heraus und nutzen diese als Kurzvideos.

Dabei geht es bei diesem Format nicht darum, die Kunden vorzustellen, sondern diese als Testimonials zu nutzen und Aussagen zu erhalten, die für Ihr Produkt bzw. Ihre Leistung sprechen.

Beispiele

Chris Steiner ist der Gründer und Betreiber des sehr erfolgreichen Unternehmernetzwerkes „Abnehmen im Liegen". Das Thema kann naturgemäß durchaus kritisch hinterfragt werden („Funktioniert das überhaupt?") und umstritten sein – schließlich klingt es fast zu schön, um wahr zu sein. Er nutzt in seinen Reels auf Instagram auch immer wieder Testimonials (in Interviewform), die die Erfolge mit der Methode sehr glaubwürdig bestätigen.

Geeignet für

Alle – von Selbstständigen bis zu Konzernen – können dieses Konzept nutzen. Hauptsache Sie haben genügend Kunden (die zufrieden sind und hierfür zur Verfügung stehen würden), um daraus eine Serie zu machen.

Ideen zu diesem Thema

Die Idee in Bezug auf die Kunden ist im Prinzip dieselbe wie jene für die Mitarbeiter. Sie können sich und Ihr Angebot im Video vorstellen (wovon Sie selbst auch profitieren), wobei es keine Werbesendung für den Kunden sein soll. Den Unternehmensnamen bzw. das Angebot des Kunden können Sie auch einfach nur als Text im Video einblenden. Das wirkt ggfs. weniger aufdringlich. Andererseits darf es nicht zu vordergründig und platt als Werbung für Sie aussehen, damit Ihr Kunde ein gutes, glaubwürdiges Testimonial abgibt.

Daher müssen Sie die richtigen Fragen mit Fingerspitzengefühl stellen.

- Mögliche Fragen an Kunden
  » Was war Ihr größtes Problem in Bezug auf XY?
  » Welche Lösungsansätze haben nicht funktioniert?
  » Wie haben Sie es letztendlich gelöst?
  » Was ist bei diesem Produkt besser als bei den anderen?
  » Was würden Sie sich von dem Produkt zusätzlich wünschen? (bauen Sie durchaus auch Kritisches ein)

Natürlich sollte die Botschaft dabei dezent, aber doch klar kommuniziert werden, dass der Kunde dank Ihres Produktes bzw. Ihrer Leistung sein Problem lösen konnte. Es ist eine kommunikative Gratwanderung zwischen einem glaubwürdigen Statement und platter Werbung.

17. Umfragen

Menschen auf der Straße, in öffentlichen Verkehrsmitteln, beim Warten auf den Bus, am Würstelstand, im Einkaufscenter, auf dem Fußballplatz oder wo auch immer Sie diese antreffen, zu bestimmten Themen zu befragen, ergibt eine unendliche Fülle von möglichen Inhalten für Ihre Kurzvideos. Die richtigen Fragen mit einer guten Antwort ergeben bereits ein Video.

Dabei müssen Sie auf mehrere Dinge achten:

- Die Fragen müssen zu Ihnen und Ihren Produkten und Leistungen passen.
- Sie müssen die Lizenz zum Fragen haben. Das Management eines Einkaufscenters ist vermutlich nicht erbaut, wenn Sie die Kunden mit Ihren Fragen löchern, ggfs. sogar nerven und vom Einkaufen abhalten. Selbst auf der Straße müssen Sie vermutlich (abhängig von den örtlichen Bestimmungen) eine Erlaubnis haben, um eine Umfrage machen zu können. Aber diese können Sie sich besorgen.

- Die Genehmigung zur Videoaufnahme und Nutzung des Materials für Ihre Kanäle muss Ihnen aber auch der Befragte erteilen. Das ist bisweilen – wie ich aus eigener Erfahrung gut weiß – eine der größten Hürden dabei. Rechnen Sie damit, dass Sie mehrere Neins kassieren, bevor Sie ein Ja erhalten. Am einfachsten ist es, wenn der Befragte seine Einwilligung gleich in die Kamera spricht.

- Idealerweise passt auch der Ort der Umfrage zu Ihnen und Ihrem Thema. In der Fußgängerzone kann man Umfragen zu allen möglichen Themen machen. Doch es gibt Orte, die sich für bestimmte Themen besonders eignen. Ein paar Beispiele von Orten und für welche Themen, Berufe und Fragen diese besonders geeignet sein könnten:

  » In bzw. vor der Sportstätte:
  Sportartikelhersteller, Fitnesstrainer

  » Auf einem Kongress, Seminar oder Fachevent:
  alle, die thematisch mit dem Thema der Veranstaltung zu tun haben

  » Vor der Schule / vor dem Kindergarten:
  Spiele- / Spielzeughersteller

  » Auf einem Gebrauchtwagenmarkt:
  Auto-Tuner, Autozubehörhersteller, Autohändler, KfZ-Werkstätten

  » Auf dem Flohmarkt:
  Experte zum Thema Preisverhandlung, Buchautor zum Thema Preisverhandlung (also ich selbst zum Beispiel)

  » Vor dem Möbelhaus:
  Innenarchitekt, Immobilienmakler / -entwickler, Bauunternehmen

  » Vor dem Blumenladen:
  Dating-Experte

  » Vor dem Bekleidungsgeschäft:
  Stilberaterin, Modebloggerin, Visagistin, Friseur

» Vor dem Baumarkt:
alle Handwerker, die das verarbeiten könnten, was
die Kunden zum Bauen im Baumarkt kaufen

» Am Skilift:
Skihersteller und Sportartikelproduzenten /
-händler, Reisebüros, örtliche
Fremdenverkehrsverbände

» Am Flughafen oder Bahnhof:
Reisebüro, Reiseveranstalter, Reiseblogger,
Reisegepäckhersteller / -händler

Dabei geht es nicht darum, Kunden zu gewinnen oder Werbung für Ihr Produkt zu machen. Sinn und Zweck der Umfragen ist einzig und allein, interessante Inhalte für Ihre Videos zu produzieren.

Die Beispiele in dieser Liste sind – zugegeben – sehr direkt gedacht. Natürlich könnten Sie auch um die Ecke denken und als Kinderbuchautor die Besucher eines Gebrauchtwagenmarktes fragen, wie sie ihre Kinder auf längeren Autofahrten ruhigstellen und bei Laune halten.

Wenn Sie beginnen, auf diese Art und Weise über Örtlichkeiten und Umfragen nachzudenken, vervielfachen sich die Ideen für Videocontent nochmals.

Geeignet für

Die kurze Antwort auf die Frage, wer dieses Konzept einsetzen kann, lautet: jeder. Es kommt einfach nur darauf an, welchen Menschen Sie welche Fragen (und vielleicht noch wo) stellen.

Ideen zu diesem Thema

Um Sie nicht mit der Vielzahl der Möglichkeiten zu überfordern (auf die Gefahr hin, dass ich damit genau das mache), gehe ich an einem Punkt nochmals in die Tiefe. Lassen Sie uns diesmal für diesen Zweck etwas ganz Traditionelles nehmen, wie zum Beispiel einen Optiker. Was könnte ein Optiker Kunden in seinem Geschäft (um es einfach zu halten) fragen, um daraus interessante Videoinhalte zu machen?

- Ein kleingedrucktes Wort auf einer Karte ein Stück entfernt vor den Kunden halten (wie bei einem Sehtest) und fragen: Was heißt das? – Wenn das Wort witzig ist, kann das hilfreich sein.
- Welche Lebensmittel fallen Ihnen ein, die die Sehkraft verbessern?
- In welchen Situationen würden Sie sich wünschen, weniger gut zu sehen?
- Wen oder was würden Sie gerne schärfer sehen?
- 3 – 5 Brillen herzeigen und fragen:
  » Welche gefällt Ihnen am besten?
  » Welche ist die hässlichste?
  » Welche ist die auffälligste?
  » Welche würden Sie XY (VIP, Star etc.) verpassen
- Was sollten unsere Politiker besser sehen bzw. wo sollten Sie besser hinschauen?
- Wo finden Sie Ihre Brille typischerweise, wenn Sie diese verlegen?

Schätz- bzw. Ratefragen sind eine ganz eigene Kategorie, die Sie zum Beispiel auch gut mit einem Gewinnspiel verbinden könnten:

- Lassen Sie Ihren Kunden eine besonders dicke Brille aufsetzen und fragen Sie: Was schätzen Sie, wie viel Dioptrien hat diese Brille?
- Wie viele Sehzellen befinden sich auf der Netzhaut des Auges?
- Wie schwer ist ein Auge?
- Wie viele Lidschläge machen wir pro Tag?
- Wie viel Prozent der Menschen sind farbenblind?

Aus jeder dieser Fragen können Sie eine fast endlose Serie machen, einfach indem Sie dieselben Fragen an immer neue Kunden stellen.

18. Erstaunliche Fakten / Fun Facts

Etwas, das sich auch sehr einfach in kurze Videos übersetzen lässt und von vielen Leuten gerne konsumiert und auch geliked bzw. sogar geteilt wird, sind erstaunliche Fakten, Daten und Zahlen zu einem bestimmten Thema. Wenn Sie nun meinen sollten, dass Sie in einem Fachgebiet oder einer Branche tätig sind, die so langweilig und normal ist, dass es dort keine erstaunlichen Fakten gibt, dann bin ich mir ziemlich sicher, dass Sie sich gewaltig irren, wie Sie gleich sehen werden.

Diese Fakten müssen Sie recherchieren, falls Sie nicht ohnehin viele davon aus Ihrer Expertentätigkeit auf Abruf parat haben. Im Rahmen der Recherche für dieses Buch habe ich mich in verschiedenen Branchen diesbezüglich umgesehen und bin meist recht rasch fündig geworden.

Geeignet für

Nutzen können dieses Konzept alle, die interessante, besser noch erstaunliche Fakten finden, die Sie mit dem, was sie tun, in eine sinnvolle Verbindung bringen können.

Wenn wir uns wie im folgenden Beispiel auf die Suche nach konkreten Ideen in der Idee machen, wird es für Sie gleich viel leichter einzuschätzen, ob das Konzept etwas für Sie sein könnte.

Ideen zu diesem Thema

Um auch für Ihre Tätigkeit auf geeignete, erstaunliche Fakten zu kommen, können Sie die folgenden kreativen Methoden nutzen. Wie auch bei vielen anderen Konzepten möchte ich das anhand eines Beispiels demonstrieren. Lassen Sie uns eines dafür nehmen, das auf den ersten Blick eher langweilig erscheint: Reinigungsdienstleistungen in Innenräumen.

• Unmittelbare Faktensammlung

Als ersten Schritt können wir die üblichen Zugänge nutzen, um auf Ideen zu kommen:

» Unser Gehirn – davon ausgehend, dass jemand, der Experte in diesem Bereich ist auch das eine oder andere darüber weiß

» Bücher:
Wenn Sie auf Amazon „erstaunliche Fakten" als Suchbegriff eingeben, erscheint eine Reihe von Büchern zu unterschiedlichen Themenbereichen.

» Google und andere Suchmaschinen:
Auch hier werden Sie rasch fündig, wenn Sie „erstaunliche Fakten Reinigung" eingeben.

» ChapGPT:
Neuerdings nutze ich auch ChatGPT für die Recherche solcher Themen und das mit sehr viel Erfolg.

• **Indirekte Faktensammlung**

Mit der indirekten Sammlung von erstaunlichen Fakten meine ich, Ihre Suche nicht auf das Reinigen selbst zu konzentrieren, sondern auf angrenzende Themen. Dabei können Sie natürlich alle erwähnten Recherchemethoden einsetzen. Solche könnten zum Beispiel sein:

» Mikroorganismen: Bakterien, Viren, Staubmilben
◇ Wie klein und widerstandsfähig sind diese?
◇ Wie schaden sie uns?
◇ Wie viele gibt es?
◇ Wo sind sie am häufigsten anzutreffen?
◇ Was wirkt nicht und was wirkt tatsächlich gegen sie?

» Staub:
◇ Wie entsteht wie viel Staub?
◇ Was sind die größten Staubquellen?
◇ Wie viel Staub gibt es in einem durchschnittlichen Haushalt?
◇ Wie viel davon atmen wir ein und was geschieht damit?
◇ Wie viel saugen wir weg und wie viel bleibt trotz Staubsauger liegen?

- ◇ Was wirkt am effektivsten gegen Staub?
- » Schmutz:
  - ◇ Welche Art von Schmutz ist am schwersten zu entfernen?
- » Oberflächen:
  - ◇ Auf welchen Oberflächen sammeln sich wie viele Mikroorganismen (pro cm?) – Wo mehr, wo weniger? (Computertastaturen und Fernbedienungen gehören übrigens zu den Spitzenreitern)
- » Putzmittel:
  - ◇ Wie effektiv terminiert welches Putzmittel Mikroorganismen?
  - ◇ Wie viele Kleinstlebewesen bleiben trotz der Behandlung mit Putzmitteln übrig?
- » Toiletten:
  - ◇ Welche Art von Schmutz und Kleinstlebewesen befinden sich häufig in Toiletten und wie viele davon?
  - ◇ Wie oft wird gespült?
- » Unterschiede zwischen Geschlechtern, Ländern, Altersklassen und Berufsgruppen:
  - ◇ Wie oft putzen Frauen im Vergleich zu Männern?
  - ◇ Welche Unterschiede gibt es im Reinigungsverhalten zwischen Deutschen, Spaniern und Finnen?
  - ◇ Putzen Buchhalter häufiger als Verkäufer oder weniger oft?

• Hochrechnungen

Sie können fast alles hochrechnen, wenn Sie das möchten. Das Ergebnis besteht oft aus sehr interessanten, erstaunlich großen oder kleinen Werten.

- » Wie viele Stunden verbringen Deutsche Männer pro Jahr mit Staubsaugen und wie viele Tage sind das in einem Menschenleben?
- » Wie oft werden Toiletten im Jahr geputzt?

» Wie viel Kilo Staub produziert ein Haushalt
pro Jahr? Und wie viel ist das in Quadratmetern
gerechnet?

» Wie viel Staub atmen Kinder in den ersten 6
Lebensjahren ein?

Zurecht könnte man sich fragen, wie sinnvoll die eine oder andere dieser erstaunlichen Informationen ist. Viele dieser Informationen werden reinen Unterhaltungswert haben.

Doch, wie Sie vermutlich auch aus eigener Erfahrung wissen, halten wir uns auch viele Stunden auf Social Media auf, um einfach nur unterhalten zu werden. Solange diese Informationen in irgendeinem Zusammenhang mit Ihrem Thema, Ihrem Produkt bzw. Ihrer Leistung stehen, ist es absolut in Ordnung, wenn das eine oder andere, was Sie als Video posten, einfach nur unterhält.

Zum Abschluss dieser ausufernden Ideensammlung noch ein paar sehr konkrete Beispiele:

- Laut einer Studie der University of Arizona können Computertastaturen bis zu 400-mal mehr Bakterien enthalten als eine Toilette.

- Die Innenluft kann bis zu 5-mal stärker verschmutzt sein als die Außenluft, insbesondere in stark frequentierten Räumen. Eine Untersuchung der US-Umweltschutzbehörde (EPA) ergab, dass die Konzentration von Luftschadstoffen in Innenräumen oft zwei- bis fünfmal höher ist als im Freien ist.

- Eine Untersuchung der Hygiene-Standards in Hotelzimmern ergab, dass Fernbedienungen zu den am stärksten verschmutzten Oberflächen gehören. In dieser Studie wurden auf den Fernbedienungen durchschnittlich 67,6 Kolonie bildende Einheiten pro Quadratzoll (ca. 6,5 cm²) gefunden.

- Regelmäßiges Staubsaugen kann die Lebensdauer von Teppichen um etwa 25 bis 30 Prozent verlängern, indem es die Abnutzung der Fasern reduziert.

- Eine Studie der University of Arizona ergab, dass Mobiltelefone durchschnittlich 10-mal mehr Bakterien enthalten als eine Toilettenbrille. Diese Untersuchung fand im Durchschnitt 25.127 Mikroorganismen pro Quadratzentimeter auf Mobiltelefonen.

- Ein verschmutzter Reinigungslappen kann die Keimzahl auf Oberflächen erhöhen. In einer Studie der Universität von Florida wurde festgestellt, dass die Verwendung eines schmutzigen Mopps die Keimzahl auf dem gereinigten Boden um das 30-fache erhöhen kann.

- In der Küche können sich auf Schneidebrettern bis zu 200-mal mehr Bakterien befinden als auf einer Toilettenbrille. Eine Untersuchung der NSF International, einer unabhängigen Organisation für Produktsicherheit und Gesundheit ergab, dass Küchenschneidebretter oft mit E. coli, Salmonellen und anderen potenziell gefährlichen Bakterien kontaminiert sind.

- Durch regelmäßiges Staubwischen können Allergene in Innenräumen um bis zu 90 % reduziert werden. Eine Studie der Brown University ergab, dass das Staubwischen mit einem feuchten Tuch die Konzentration von Hausstaubmilbenallergenen erheblich verringern kann.

- Laut einer NASA-Studie kann eine Pflanze pro 100 Quadratfuß (ca. 9,3 m²) pro Stunde bis zu 87 % der luftgetragenen Schadstoffe reduzieren.

- Das Händewaschen kann die Ausbreitung von Krankheiten um bis zu 30 % reduzieren. Die Weltgesundheitsorganisation (WHO) empfiehlt, die Hände mindestens 20 Sekunden lang mit Seife und Wasser zu waschen, um Krankheitserreger effektiv zu entfernen.

Und wenn sich für so etwas an sich vollkommen Unspektakuläres wie die Reinigung von Innenräumen so einfach erstaunliche Fakten finden lassen, bin ich sicher, dass Sie auch in Ihrem Bereich einiges finden werden, das Sie für Ihre Kurzvideos verwenden können.

19. Produkte und Dienstleistungen

Ein Thema, das eminent wichtig ist, wir aber so direkt bisher noch gar nicht behandelt haben, sind Ihre eigenen Produkte und Leistungen. Videos zu fremden Produkten haben wir im Konzept „Rezensionen" ja bereits ausführlich behandelt.

Wenn Sie Videos zu Ihren Produkten erstellen, ist eines besonders wichtig: Es dürfen keine klassischen Werbevideos werden. Diese funktionieren auf Social Media tendenziell schlecht, manchmal gar nicht, wenn es um Reichweite geht – außer Sie bezahlen dafür. Bezahlte Werbung einzusetzen kann natürlich eine sinnvolle Strategie sein, die Sie zusätzlich zu der organischen Kurzvideo-Strategie, um die es in diesem Buch geht, einsetzen können.

Wenn Sie Kurzvideos zu Ihren Produkten machen, können Sie das folgendermaßen umsetzen:

- Zeigen Sie Ihr Produkt.
- Halten Sie besonders interessante Details auf Video fest.
- Zeigen und erklären sie seine Funktionsweise.
- Bringen Sie Anwendungs- bzw. Verwendungsbeispiele.
- Zeigen Sie Varianten, Alternativen und Ausstattungsmöglichkeiten.
- Weisen Sie durchaus auch ab und an (aber nicht immer) darauf hin (aber eher nebenbei), dass es dieses bei Ihnen zu kaufen gibt.
- Und ja, sagen Sie natürlich auch immer wieder einmal, was es kostet.

... aber machen Sie kein Werbevideo, sondern stellen Sie immer (auch) den Nutzen für Ihre Zuseher in den Vordergrund.

Geeignet für

Am einfachsten und erfolgversprechendsten umsetzbar ist dieses Konzept, wenn Sie schöne, emotionale, interessante Produkte haben, die viele Menschen von Natur aus ansprechen, ohne dass Sie groß dafür Werbung machen müssten.

Ich habe vor kurzem bei einem Einzelhandelskunden ein Foto von mir neben einer Prosciutto-Schneidemaschine von Berkel fotografiert (das hätte ich natürlich auch als Video festhalten können) und diese mit einem kurzen Kommentar versehen auf Facebook gepostet. Binnen Stunden hatte ich ein Vielfaches an Likes und Kommentaren, als ich im Normalfall durchschnittlich erziele. Diese Produkte sprechen offenbar sehr für sich und lassen die Herzen vieler – sowohl Männer als auch Frauen – schneller und höherschlagen.

Zugegeben, nicht jeder verkauft Produkte, die solche Emotionen auslösen und so ein positives Image haben – und das, obwohl sie für den Einsatzzweck vollkommen overpowered (den Schinken kann man schließlich auch schon geschnitten kaufen) und im Grunde total altmodisch (retro ist vermutlich das zeitgemäße Wort) sind und viel Geld kosten (10.000 € und mehr sind dafür rasch ausgegeben). Dennoch, wenn ich einmal nicht mehr wissen sollte, wohin mit dem vielen Platz in meinem Haus und dem vielen Geld auf meinem Konto, dann steht eine Berkel ganz oben auf der Liste der Ideen dafür.

Wenn Sie Dienstleister sind, ist das Konzept deutlich schwerer umsetzbar – wenngleich Sie sich natürlich bei der Erbringung Ihrer Leistung filmen können. Auch hier gibt es Unterschiede. Ein Friseur, wie weiter vorne schon einmal erläutert, kann das gut im Rahmen unterschiedlicher Konzepte machen, ein Therapeut kann sich bei der Arbeit mit Klienten so gut wie gar nicht zeigen.

Ideen zu diesem Thema

Wie Sie zu den Ideen innerhalb dieser Idee kommen, habe ich im Prinzip schon im ersten Abschnitt zum Thema Produkte erläutert. Man könnte das noch um folgende Aspekte Ihres Produktes ergänzen:

- Verwendete Materialien
- Herstellung (Wer? Wo? Wie?)
- Verschiedenste Anwendungszwecke
- Unterschiedliche Farben und Formen
- Recycling und Nachhaltigkeit

Je nach Art des Produktes können sich dafür noch weitere Aspekte anbieten, die aber nur im speziellen nutzbar sind. Ein Landwirt, der schottische Hochlandrinder züchtet, kann natürlich alles über diese Tiere zu Inhalten für seine Videos verarbeiten. Dabei gibt es vieles, was für den Hersteller von Glasflaschen einfach nicht existiert.

20. Umfragen, Studien, Statistiken

Umfragen und Studien aus Ihrem Fachbereich können eine Menge interessanten Content liefern. Auch wenn dieser auf den ersten Blick eher für Bilder und Grafiken nutzbar und passend erscheint, kann er aber durchaus auch für Videos aufbereitet werden. So könnten Sie dafür zum Beispiel folgende Formate nutzen:

- Sie sprechen direkt in die Kamera (Monolog) über die Ergebnisse der Umfrage oder Studie.

- Sie blenden diese zusätzlich zu Ihrem Monolog im Video als Grafik ein.

- Sie zeigen nur die Grafik, dafür aber etwas größer und erklären Sie aus dem Off (Sie sind nicht sichtbar).

- Sie machen daraus eine animierte Grafik (es gibt Dienstleister, die das zu geringen Kosten umsetzen) als Video (mit oder ohne gesprochene Erklärung).

Damit Sie daraus auch eine ganze Serie machen können, brauchen Sie eine etwas größere Studie oder Umfrage (was die Anzahl der Fragen, Themen und Ergebnisse betrifft), die Sie dann in Einzelergebnisse aufteilen und daraus je ein Video machen können.

Geeignet für

Ob dieses Konzept auch für Sie ein passendes sein kann, hängt davon ab, ob Sie entweder selbst regelmäßig Umfragen oder Studien machen (was vermutlich eher bei größeren Unternehmen der Fall sein wird) oder es in Ihrem Bereich welche gibt, auf die Sie zugreifen können und deren Ergebnisse Sie in dieser Art verwerten dürfen.

Falls Sie sich diesbezüglich nicht sicher sind, investieren Sie einfach ein paar Minuten Zeit in die Recherche auf Google. Sie werden recht rasch herausfinden, ob es Studien, Umfragen oder ähnliche Statistiken gibt, die für Sie interessant sein können.

Ideen zu diesem Thema

Für die Zwecke dieses Buches habe ich eine kurze Recherche angestellt, und zwar diesmal für das Thema Rückenschmerzen. Binnen weniger Minuten habe ich eine Menge statistisches Material gefunden, das sich für unsere Zwecke verwenden ließe.

Eine sehr wichtige Quelle, auf der Sie sehr viel Material finden werden, ist Statista.com. Den Link dazu finden Sie auf der Ressourcenseite.

Dieses Thema könnte unter anderem für folgende Berufe bzw. Kanäle verwendet werden:

- Masseure
- Orthopaden, Allgemeinmediziner und andere Ärzte
- Osteopathen
- Fitness-, Sport- und Personaltrainer
- Schmerztherapiezentren
- Hersteller / Händler von
  - » Betten, Lattenrosten und Matratzen
  - » speziellen schmerzlindernden Decken, Auflagen oder Sitzkissen
  - » Massagegeräten, Spezialmatten etc.
  - » Schmerzgels, -cremen
  - » Infrarot- und Wärmelampen
  - » medizinische Wärmegurte
  - » ergonomische Sessel, insbesondere Bürostühle
  - » Bandagen und Korsette
  - » speziellen Schuhen, die Rückenschmerzen lindern

Wie Sie sehen, hängt eine Vielzahl von Dienstleistern und Produkten am Thema Rückenschmerzen, die ein sehr weit verbreitetes gesundheitliches Problem darstellen. Umgekehrt gedacht könnte natürlich ein Masseur etwa Studien, Statistiken und Umfrageergebnisse zu allen möglichen Schmerz-Problemzonen suchen und dabei den Körper von unten nach oben oder auch umgekehrt durchgehen. Wenn wir darüber kurz nachdenken, kommen wir sehr rasch auf folgende Themenbereiche, die für Masseure interessant sein können und zu denen wir vermutlich ausreichend statistisches Material finden werden:

- Rückenschmerzen
- Muskelkater
- Hüftgelenkschmerzen
- Knieschmerzen
- Kopfweh
- Nackenschmerzen
- Schulterschmerzen
- Tennisarm

… und dabei haben wir noch gar nicht an all die Themen gedacht, die nicht schmerzbasiert sind. Schließlich kann man sich ja auch aus anderen Gründen massieren lassen.

Zusammengefasst könnte man sagen: Es gibt Heerscharen von (Markt-) Forschern, die ihre Erkenntnisse permanent als Studien und statistisches Material veröffentlichen. Vermutlich lassen sich Kanäle in einigen Themenbereichen auch ausschließlich damit auf interessante Weise befüllen.

21. Ausschnitte aus längeren Videos

Machen Sie häufiger längere Videomitschnitte von Veranstaltungen, Vorträgen, Lesungen, Präsentationen, Seminaren, Diskussionsrunden, Interviews oder Ähnlichem? Wenn ja, dann kann es für Sie ein gut nutzbares Konzept sein, aus diesem Material kurze Sequenzen herauszuschneiden und als Kurzvideos auf Ihren Social-Media-Kanälen zu verwenden.

Gary Vaynerchuk, einer der aktuell weltweit bekanntesten Social-Media-Experten (der selbst Guru-Status erlangt hat) geht sogar noch einen Schritt weiter. Er lässt sich von seinem persönlichen Videografen während seines beruflichen Alltags begleiten und produziert so jede Menge Material – vom 90-Minuten-Videomitschnitt eines Vortrages bis hin zum kurzen Videoschnipsel während einer Taxifahrt.

Daraus macht dann sein Social-Media-Team (das vermutlich mindestens 10 Mitarbeiter umfasst) eine Unzahl an Posts (Bilder, Texte, Videos, Podcasts) für alle möglichen Kanäle. Nachdem Garyvee (sein Künstlername) überall anzutreffen ist, braucht er dafür auch wirklich viel Material.

Nun sind Sie nicht wie Garyvee und wollen es – so unterstelle ich – auch nicht werden, was aber nicht bedeutet, dass man sich von ihm nicht das eine oder andere abschauen kann.

Sich quasi permanent begleiten zu lassen vom Haus- und Hof-Videografen ist etwas, das vermutlich für die meisten Leserinnen und Leser schwer umsetzbar ist. Bei einem Event oder einer Diskussion aber mal die Kamera – es reicht meist das Smartphone – mitlaufen zu lassen, ist etwas, das jeder leicht machen kann.

Ein wichtiges, technisches Detail am Rande: Das Bild muss nicht immer perfekt sein bei solchen Mitschnitten, das kann – situationsbedingt – auch mal wackeln oder unscharf sein. Wenn allerdings jemand etwas sagt, dann ist die Verständlichkeit, also ein halbwegs guter Ton, sehr wichtig. Arbeiten Sie dabei deshalb am besten mit einem Ansteckmikrophon.

Beispiele

Verleger Julien Backhaus schafft es mit seinen provokativen Sichtweisen, die sich oft punktgenau gegen das Mainstream-Denken der Mehrheit wenden, immer wieder von Fernsehsendern zu kontroversiellen Diskussionen eingeladen zu werden. Ausschnitte aus diesen Diskussionen nutzt er erfolgreich, um daraus reichweitenstarke Kurzvideos für TikTok und Instagram zu produzieren.

Geeignet für

Wenn Sie immer nur vor dem Bildschirm sitzen und für sich alleine arbeiten, ist dieses Konzept ziemlich sicher nicht das Richtige für Sie. Für alle, die viel unterwegs sind, viele Menschen treffen oder Veranstaltungen besuchen oder sogar organisieren, kann es eine Idee sein, die mit wenig Zusatzaufwand (einfach das eine oder andere mitfilmen) interessantes Material produziert.

Ideen zu diesem Thema

Weitere Ideen, die in diesem Konzept stecken, ergeben sich am ehesten, indem Sie es umsetzen. Probieren Sie es einfach aus. Schneiden Sie etwas mit, was es wert ist, auf Video festgehalten zu werden. Legen Sie die Latte dabei nicht zu hoch. Garyvee zeigt bravourös vor, mit welchem alltäglichen, fast nebensächlichen und oftmals auch mit schlechtem Bild und sogar Ton (er kann sich sogar das erlauben) aufgenommenem Material sich Social-Media-Kanäle erfolgreich bespielen lassen.

Sammeln Sie selbst Erfahrung, welche Art von Mitschnitten und welche Teile davon sich gut und einfach verwerten lassen und machen Sie dann mehr davon. Das können beim renommierten Keynote-Speaker Vorträge sein, bei Ihnen aber vielleicht Interviews, die Sie an sich für Ihren Podcast machen, aber ganz ohne Aufwand mitschneiden und dann davon auch das Videomaterial verwerten.

22. Experimente

Ganz tolles Videomaterial können Experimente ergeben, die Sie vor laufender Kamera durch- bzw. vorführen. Dazu gibt es eine lange Liste sehr erfolgreicher Beispiele. Manche davon mit wissenschaftlichem / didaktischem Hintergrund, andere wiederum wollen nur unterhalten. Erst vor kurzem bin ich auf eine Reihe von Videos gestoßen, bei denen man verschiedene Flaschen und Gläser eine Steintreppe hinunterrollen lässt und filmt, wie sie zerbersten. Dabei habe ich mich selbst ertappt, wie ich gespannt darauf warte, wann es so weit sein wird.

Um ein anderes Beispiel zu nennen – das möglicherweise am häufigsten auf Video festgehaltene Experiment: Mentos in Cola zu geben und die daraus entstehende Fontäne, die aus der Flasche kommt, zu filmen. Dieses Experiment gibt es in unterschiedlichen Varianten. Von der ganz einfachen, bei der einfach ein paar Mentos in eine Colaflasche getan werden, über solche, bei denen statt der Flasche der Mund oder Magen des Probanden verwendet wird, bis hin zu den sehr groß angelegten, bei denen eine Badewanne voll Cola mit einem ganzen Sack voller Mentos zum Reagieren gebracht wird.

Idealerweise dauern diese Experimente auch nicht allzu lange. Das Cola-Mentos-Experiment ist binnen Minuten umsetzbar, die Reaktion selbst dauert nur ein paar Sekunden. So schnell muss es nicht sein, doch je länger es dauert, desto aufwändiger ist meist die Umsetzung. Die Botschaft lautet nun nicht, dieses Mentos-Experiment durchzuführen – es sei denn, es passt irgendwie zu dem, was Sie machen (was das sein könnte, dazu fällt mir spontan nichts ein, außer, dass Sie einen reinen Unterhaltungs-Kanal betreiben könnten und einfach nur lustige bzw. spektakuläre Dinge zeigen). Vielmehr soll dieses Experiment nur als Musterbeispiel dienen, was ich unter Experimenten verstehe. Die Frage ist: Womit könnten Sie in Ihrem Tätigkeitsbereich experimentieren?

Sonderform Rekordversuche

Als Sonderform der Experimente würde ich Rekordversuche anführen. Zum Beispiel könnte ein Cross-Fit-Trainer mit sich selbst ein Experiment machen, indem er sich fragt: Wie viele Kniebeugen schaffe ich am Stück? Wenn er sich dabei filmen lässt, dann ergäbe das schon ein Video, das vermutlich gute Reichweiten auf Social Media schaffen würde. Wenn er sehr fit ist, wird es möglicherweise ein relativ langes Kurzvideo, aber in diesem Fall würde ich ein Auge zudrücken und es dennoch posten.

Geeignet für

Besonders geeignet ist dieses Konzept für alle jene, die Experimente durchführen können. Wer das sein könnte, darüber musste ich selbst nachdenken und recherchieren.

Ein paar Beispiele als Ergebnis:

- Reinigung ist ein weites Gebiet für Experimente – Reinigungsmittel, Reinigungsdienste, Waschmaschinen, Reinigungsgeräte aller Art:
  - » Experimente mit dem Wachstum von Bakterien, Pilzen oder Ähnlichem
  - » Schmutz- und Fleckentfernung bietet auch Möglichkeiten für Experimente
- Alles, was mit Kindern zu tun hat – Spielzeug, Spiele, Bücher, Erziehung – Kinder kann man mit allen möglichen (naturwissenschaftlichen) Experimenten gut unterhalten, so wie die Sternschnuppenwerkstatt das exzellent umsetzt.
- Alles, was mit Garten und Pflanzen zu tun hat – Gärtner, Samenhersteller, Hersteller von Düngemitteln können Pflanzenwuchsexperimente machen.
- Überall dort, wo Stabilität und Belastungsfähigkeit demonstriert werden muss – Reisegepäck, Klebstoff, Seile, Zwirn, Stoffe aller Art, Autos (die Crashtests sind ein gutes Beispiel), Möbelstücke, Hubwägelchen, Leitern und noch vieles mehr, was potenziell großer physischer Belastung standhalten muss.
- Ausdauer und Geschwindigkeit können auch ein Thema sein, das sich in Experimente verpacken lässt. Wie schnell, wie langsam, wie oft bzw. lange kann jemand etwas machen? Da lassen sich vermutlich zum Beispiel Ideen finden für Sportler, Gedächtnistrainer, Köche, Handwerker aller Arten, Maler oder Reinigungsdienstleister.

Ein Produkt bzw. eine Marke, die vor allem mit dieser Videostrategie zu Weltruhm gekommen ist, ist Blendtec. Der Hersteller von Hochleistungsmixern hat unter dem Titel „**Will it blend?**" eine Reihe von Experimenten durchgeführt und auf Video festgehalten.

Dabei geht es immer darum zu demonstrieren, wie robust und leistungsfähig die Mixer von Blendtec sind.

Und das wird demonstriert, indem man so ungefähr alles, was einem einfallen kann, in den Mixer wirft und auf den Knopf drückt – Smartphones, Golfbälle, Bic-Feuerzeuge und Stile von Gartenwerkzeugen – all das und noch mehr wurde von Blendtec-Mixern schon geschreddert. Nicht, dass das dem normalen Verwendungszweck entsprechen würde, aber eindrucksvoll ist es allemal.

Es gibt allerdings eine Menge Social-Media-Kanäle, die ausschließlich Experimente zeigen und diese dann vermutlich über die Menge an Followern, die sie aufbauen, zu monetarisieren, indem sie dann mithilfe ihrer Reichweite Bücher oder Kurse verkaufen, als Influencer bezahlte Werbung auf ihrem Kanal schalten oder auch ihr Geld direkt über die Aufrufe ihrer Videos verdienen.

Falls Sie das nicht wussten: YouTube, TikTok und in Zukunft auch Instagram (über ein geplantes Abo-Modell mit exklusiven Inhalten) zahlen den Creatoren Geld. Als Geschäftsmodell rechnet sich das aber erst wirklich, wenn Ihre Videos Millionenfach aufgerufen werden. Überrascht war ich allerdings, als ich gesehen habe, dass es etliche solcher reinen Experimenten-Kanäle mit extrem hohen Followerzahlen gibt.

Ideen zu diesem Thema

Anders als ich es unter „Geeignet für" soeben gemacht habe, können Sie zur Ideenfindung die Vorgehensweise umdrehen und beim Ideenbrainstorming von Ihren Produkten, Ihrer Branche bzw. auch Ihrer Zielgruppe ausgehen. Welche Experimente fallen Ihnen dazu ein? Lassen Sie uns das wieder gemeinsam anhand eines Beispiels durchführen – einem Dienstleister, der seine Klienten beim Abnehmen unterstützt.

Hier könnte man folgende Ideen als Experimente durchführen und auf Videos festhalten:

- Die vermutlich beste und einfachste Strategie ist es, zu recherchieren, welche Experimente es bereits in Videoform gibt und diese dann – angepasst auf die eigenen Zwecke – nachzumachen.

- Auswirkungen von Cola auf verschiedene Nahrungsmittel und Oberflächen – es gibt eine Vielzahl von
  Experimenten zu den erstaunlichen Auswirkungen
  von Cola. Da könnte man sich als Konsument schon
  die Frage stellen, was das wohl mit dem Körper macht,
  wenn es sich so auf Oberflächen oder Gegenstände
  auswirkt.

- Was geschieht, wenn ein Klient seine Ernährung
  umstellt? Das kann man zum Beispiel wöchentlich
  festhalten und die Bilder oder Videos dann zu einem
  Vorher-Nachher-Video zusammenfügen. Eine Serie ist
  daraus leicht gemacht, indem man das immer wieder
  mit wechselnden Klienten macht.
  Eine Möglichkeit, aus diesem Experiment mehrere
  unterschiedliche zu machen, ist es, jeweils unterschiedliche Dinge in der Ernährung umzustellen –
  Zucker wegzulassen, Kohlenhydrate zu reduzieren,
  Eiweiß zu erhöhen, keine Softdrinks mehr, kein Alkohol
  mehr – die Möglichkeiten sind vielfältig.
  Für diese Art von Experimenten brauchen Sie – anders
  als bei der Cola-Mentos-Sache – allerdings mehr Zeit.

- Was verändert es am Körper eines Klienten, wenn
  bestimmte Übungen konsequent gemacht werden?
  Auch da ist die Vorgehensweise dieselbe wie bei der
  Ernährungsumstellung.
  Auch hier können Sie verschiedene Experimente
  daraus machen, indem Sie unterschiedliche Übungen
  für unterschiedliche Körperteile dafür heranziehen.

Alles in allem sind Experimente nicht das am einfachsten
umzusetzende Konzept, aber eines, das sehr viel Potenzial in
Sachen Reichweite und Interaktionen hat.

23. Schlechte Beispiele und Fehler

Sehr gute Erfahrungen, was Reichweite und Interaktionen auf meinen Social-Media-Kanälen betrifft, habe ich damit gemacht, vorzuführen, was man nicht machen sollte, anstatt in Tipp-Form zu zeigen, wie man sich verhalten sollte. Beides hat Potenzial für viele Videos, wobei ich die Erfahrung gemacht habe, dass die negative „so nicht"-Variante beim Publikum besser ankommt. Was Sie natürlich auch tun können – und auch das hat auf meinen Kanälen gut funktioniert – ist, diese beiden Varianten zu kombinieren. So können Sie in einem Video zuerst zeigen, wie es nicht geht, um dann – unterstützt durch einen kurzen Fachkommentar – zu zeigen, wie es geht.

Dafür lassen Sie vor allem Formate gut nutzen, die Dialoge und Interaktion zwischen zwei oder mehreren Menschen zeigen.

Besonders gut kommen diese Art Videos an, wenn Sie es schaffen, sie ein wenig humorvoll zu gestalten. Das gelingt, indem Sie die falschen Verhaltensweisen vielleicht ein wenig übertreiben. Dabei darf sich Ihr Zuseher nicht persönlich angegriffen oder vera***** vorkommen. Solange man darüber lachen kann und sich insgeheim denkt, dass man sich auch schon mal so verhalten hat, ist alles bestens.

Geeignet für

Dieses Konzept ist besonders für Verhaltensweisen und weniger für Produkte an sich geeignet. Wenn Sie es auf Produkte anwenden wollen, können Sie demonstrieren, wie man ein Produkt falsch zusammenbaut, an- bzw. verwendet, reinigt oder entsorgt. Einfach und gut anwendbar ist dieses Konzept zum Beispiel für:

- Osteopathen, Orthopäden, Masseure, Fitnesstrainer und Körperarbeiter aller Art, die den Zusehern zeigen, wie man falsch sitzt, liegt, geht, steht, sich bückt, etwas hebt, aufsteht oder gewisse Übungen durchführt.

- Verkaufsexperten, die Varianten vorführen, wie man in Verkaufssituationen nicht agieren oder reagieren sollte.
- Gärtner und Pflanzenexperten, die die Zuseher per Video auf falsche Verhaltensweisen aufmerksam machen, was das Gießen, Pflegen oder Düngen von Pflanzen aller Art betrifft.
- Erziehungsexperten, die Eltern auf die Fehler bei der Kindererziehung aufmerksam machen.
- Trainer, die Führungskräften in Kurzvideos zeigen, wie sie sich in bestimmten Situationen nicht verhalten sollten.
- Hundetrainer, die Fehler beim Abrichten von Hunden offenlegen.

Im Prinzip können Sie das Konzept überall dort einsetzen, wo Sie auch die „guten" Tipps geben können. Die „so nicht"-Variante ist oft einfach genau das Gegenteil.

Ideen zu diesem Thema

Ein paar weitere Ideen dazu möchte ich bei diesem Konzept am Beispiel eines Immobilienmaklers demonstrieren.

Welche falschen Verhaltensweisen könnte ein Immobilienmakler vor Augen führen?

- Schlechte Fotos oder Videos auf Immobilien-Verkaufsplattformen
- Falsche Herangehensweise in der Ermittlung des Verkaufspreises
- Kontraproduktive Verhaltensweisen bei Besichtigungen
- Schlechte Vorgehensweise bei der Preisverhandlung
- Fehler, die bei der Renovierung oder Instandsetzung von Immobilien gemacht werden
- Fehler im Umgang mit Beschwerden von Mietern
- Dont's bei Hauseigentümerversammlungen

Jede dieser Ideen ist wieder nur ein Überbegriff, hinter dem sich eine Reihe weiterer Ideen verstecken. Jede der hier aufgelisteten Ideen hat das Potenzial zu einer eigenen Serie. Allein zum Thema Preisgespräche habe ich insgesamt vermutlich schon an die 100 Kurzvideos gemacht (Do's und Dont's zusammengerechnet). Sie sehen also, wie ergiebig das ist. Wenn Sie Makler sind, sind Sie noch wesentlich tiefer in der Materie als ich. Daher bin ich überzeugt, dass Ihnen noch weitere Ideen für ganze Serien einfallen werden.

24. Fragen aus der Community

Sind Sie in einem Bereich tätig, wo aus der Community (Kunden, Interessenten, Fans und Follower etc.) – online oder auch offline – viele Fragen gestellt werden? Bei mir selbst kommt das nicht so oft vor, wie man vermuten würde, aber es gibt Branchen oder Creatoren, wo typischerweise sehr viele Fragen gestellt werden.

Wenn das bei Ihnen auch der Fall sein sollte, dann sind diese Fragen etwas, das Sie ganz einfach in Form von Kurzvideos beantworten können und auch sollten. Es ist ein absolutes Win-Win. Der Fragende bekommt eine Antwort und das vielleicht sogar als ganz persönliches Video mit Nennung seines Namens (Achtung, es gibt natürlich sensible Bereiche, wo genau das nicht zu empfehlen ist) und Sie haben ein Video. Daraus ergibt sich ohne jegliche Planung ganz automatisch eine Serie, die weiterläuft, solange es neue Fragen gibt.

Geeignet für

Die Frage, wer dieses Konzept gut nutzen kann, ist leicht beantwortet: Alle, die ausreichend viele Fragen aus der Community erhalten. Zugegeben, wenn das nicht der Fall ist, dann könnte man diese Fragen auch „faken", indem man häufig gestellte Fragen in einem bestimmten Themenbereich dafür nimmt und so tut, als ob diese tatsächlich an einen selbst gestellt wurden. Das ist möglicherweise moralisch grenzwertig, aber nachdem es allen Beteiligten hilft und niemandem schadet – entscheiden Sie selbst.

Ideen zu diesem Thema

Sollten Sie sehr viele Fragen erhalten, dann können Sie diese sogar thematisch sortieren und mehrere Serien daraus machen. So könnte ein Steuerberater, jemand, dem vermutlich naturgemäß sehr viele Fragen gestellt werden, allein mit diesem Konzept seine Social-Media-Kanäle füllen und aus den Fragen zum Beispiel folgende Serien machen – Fragen zu:

- Mitarbeitern,
- Anschaffungen und Investitionen,
- Immobilien,
- Unternehmenskäufen,
- Unternehmensverkäufen,
- Rechtsformen,
- Steuerprüfungen und
- Jahresabschlüssen.

Wenn ein Steuerberater zum Beispiel auf Immobilien spezialisiert ist, dann könnte er auch dieses Thema weiter unterteilen und aus den Unterkategorien einzelne Serien machen. Das Steuerrecht und die gelebte Praxis bieten – was man vielleicht gar nicht vermuten würde – enorm viel Material für Kurzvideos.

„Und Steuerberater können interessante Videos machen, die sich auch jemand ansieht und sogar liked oder kommentiert – echt?", könnte an dieser Stelle verständlicherweise jemand denken oder fragen. Die Antwort lautet: Ja, natürlich.

Erstens gibt es etliche Creatoren mit Berufen, die auf den ersten Blick nicht sehr sexy klingen, was ihr Potenzial für Kurzvideos betrifft, die aber enorm große und reichweitenstarke Kanäle betreiben. Ein paar der größten sind Steuerberater und Rechtsanwälte. Und zweitens werden gerade steuerliche und auch andere rechtliche Themen enorm spannend, wenn man sie in der Praxis braucht.

25. Tiere

Ich wollte die Tiere als Quelle für Kurzvideos nicht unerwähnt lassen. Videos mit all diesen knuddeligen, pelzigen, gefiederten, schlauen, tollpatschigen oder auch erstaunlich geschickten Lebewesen erzielen oft enorm hohe Reichweiten und Beliebtheitswerte auf Social Media. Daher dürfen wir diese in unseren Überlegungen nicht grundsätzlich ausklammern. Die Herausforderung dabei ist allerdings, eine wirklich gute Antwort auf die Frage zu finden: Und was hat das mit meinem Thema, Produkt oder Geschäft zu tun?

Geeignet für

Für wen könnten Tiere als Akteure in ihren Kurzvideos also interessant sein? Ein paar Beispiele, die mir nach kurzem Nachdenken dazu einfallen sind:

- Zoofachgeschäfte
- Landwirte
- Tierzüchter
- Zoos
- Fleischer, Wursthersteller – aber Achtung, zuerst das putzige Kälbchen als Ganzes zu zeigen und dann das Filet, könnte verständlicherweise bei manchen nicht so gut ankommen und dazu führen, dass diese zu Vegetariern werden
- Erzeuger und Händler von vegetarischen oder veganen Lebensmitteln – ganz nach dem Motto „Wir zeigen Ihnen die Leben, die wir retten"
- Ernährungsberater – auch hier muss vorsichtig mit dem Thema „essen von Tieren" umgegangen werden, wenn man diese auch lebendig zeigt
- Fischhandlungen oder -züchter – bei Fischen ist die Kombination von lebenden und toten Tieren in einem Video ungefährlich (denke ich), aber Fische sind auch keine großen Sympathiebringer für Videos
- Fremdenverkehrswerber für Orte, Länder oder Regionen

- Bauernhöfe, die „Urlaub auf dem Bauernhof"
  vermarkten

- Jäger und Hersteller von Jagdausrüstung – auch hier
  könnte außerhalb der sehr eng gefassten Zielgruppe
  die Verwendung von lebenden Tieren in Videos als
  sehr zynisch empfunden werden – wenngleich ich
  weiß, dass ein großer Teil der Arbeit von Jägern und
  Förstern nicht das Töten, sondern das Hegen des
  lokalen Wildtierbestandes ist

- Reiter, Trabrennbahnen und Gestüte

- der Zirkus

- wandernde Tierschauen – wobei ich mir nicht sicher
  bin, wie verbreitet die heutzutage noch sind

- Kanäle, die alles Mögliche für Kinder anbieten – dort
  lassen sich kurze Videos, die zum Beispiel zeigen, wie
  ein Kätzchen das Spielzeug verwendet, das eigentlich
  für das Kleinkind gedacht ist, thematisch elegant
  beimischen

Wenn man beginnt, ein wenig um die Ecke zu denken, wie im
letzten Beispiel etwa, erweitern sich die Einsatzmöglichkeiten
von Tieren noch deutlich.

Beispiele

Es gibt noch eine spezielle Variante bei Tieren für Social-Media-
Videos: Ihr eigenes Tier (meist ein Hund oder eine Katze) können
Sie natürlich immer wieder gemeinsam mit Ihnen oder auch
alleine in Ihren Videos in Szene setzen. Sie können den Hund
sogar zum „Büromaskottchen" hochstilisieren. Mein Kollege Dr.
Roman Szeliga, seines Zeichens Humorexperte, macht das seit
einigen Jahren mit seiner Hündin Stella sehr erfolgreich.

Ideen zu diesem Thema

Wenn wir in diesem Konzept auf der Suche nach weiteren
Ideen tiefer graben, dann könnte das so aussehen:

- Sie zeigen immer wieder unterschiedliche Tiere in
  denselben Situationen.

- Sie zeigen ein Tier in unterschiedlichen Situationen.

Und natürlich können Sie diese beiden Ansätze auch mischen. Welche Situationen das sein können, hängt ganz von Ihrem Thema ab. Ich zähle hier nicht einmal beispielhaft welche auf, denn die Liste wäre endlos. Eines möchte ich aber doch anmerken: Die Situationen müssen keinesfalls besonders sein. Wir sind ja davon ausgegangen, dass in diesem Konzept das Tier selbst der Star ist, der meist gar keinen besonderen Rahmen braucht. Ob Sie ein putziges kleines Kätzchen beim Schlafen oder beim Fressen zeigen oder dabei, wie es die ersten noch wackeligen Gehversuche macht, ist recht egal. Es bleibt ein putziges, kleines Kätzchen und allein dafür wird es bereits geliebt.

26. Sprachen und Dialekte

Sprachen und Dialekte können für manche Branchen bzw. Berufe und Tätigkeiten interessantes Material für Kurzvideos geben. Dabei denke ich nicht nur an Sprachschulen oder andere Berufe, die unmittelbar mit Fremdsprachen zu tun haben. Nein, auch diesbezüglich ist es für das Finden interessanter Ideen hilfreich, ein wenig um die Ecke bzw. außerhalb des normalen Rahmens zu denken.

Was ich damit meine, erkläre ich Ihnen an einem eigenen Beispiel. Ich wohne etwas außerhalb von Wien und spreche daher den Wiener Dialekt recht gut, wenn ich das will. Es ist insofern ein interessanter Dialekt, weil Worte nicht nur anders ausgesprochen werden (wie in Dialekten üblich), sondern weil es darüber hinaus auch eine Vielzahl von eigenen Worten im Wienerischen gibt, die ansonsten nirgendwo vorkommen. Hinzu kommt, dass – so meine Erfahrung – das Wienerische vom Klang her speziell bei Deutschen recht positiv ankommt. Es wird als charmant und nett empfunden.

Auf Basis dieser Rahmenbedingungen habe ich die Serie „Verkaufen auf Wienerisch" kreiert, in der entweder der Verkäufer oder der Kunde (und vielleicht auch mal beide) wienerisch sprechen. So bekommen ganz normale Verkaufssituationen und -gespräche einen ganz neuen Blickwinkel. Es geht nicht mehr nur um den Inhalt, sondern vor allem auch um die Sprache und die ungewöhnlichen Wiener Worte.

So habe ich mein Thema – das Verkaufen – mit dem Wiener Dialekt verknüpft. Bei dieser Art von Inhalt ist allerdings darauf zu achten, dass die Sprache nicht allzu sehr im Vordergrund steht und ihr eigentliches Thema völlig verdrängt. Deshalb mische ich Folgen dieser Serie nur ab und zu unter meine Videos.

Geeignet für

Über diese Idee genauer nachzudenken, ist vor allem für all diejenigen Creatoren empfehlenswert, die

- beruflich mit Sprache zu tun haben
  » Sprachschulen bzw. -lehrer
  » Übersetzer
  » Hersteller / Verkäufer von Sprachlernmaterialien
- selbst einen interessanten und bekannten Dialekt sprechen,
- in einer Gegend geschäftlich aktiv sind, wo ein interessanter Dialekt gesprochen wird oder
- eine bzw. mehrere (ungewöhnliche) Fremdsprachen sprechen.

Ideen zu diesem Thema

Auf der Suche nach Ideen, die in dem Konzept „Sprachen und Dialekte" verborgen sind, könnten wir auf folgende interessante Möglichkeiten für Videoinhalte kommen:

Alles im Dialekt

Eine Möglichkeit ist es, einige der übrigen Konzepte in diesem Buch zu nutzen und dabei alles im lokalen Dialekt zu sprechen. Das könnte vor allem dann interessant sein, wenn Sie entweder ein lokales Unternehmen bzw. einen lokalen Kanal betreiben, der sich auf Kunden in Ihrer Nähe konzentriert. Das wären etwa:

- Hotels
- Gastronomiebetriebe
- Einzelhändler (keine Ketten)

- Lebensmittelhersteller und Landwirte
- Reiseveranstalter
- Fremdenverkehrsverbände und ganze Urlaubsregionen
- Handwerker – speziell Tischler
- Trainer und Sportlehrer mit lokalem Bezug – Golf, Ski, Surfen, Segeln, Mountainbiken
- Gemeindeverwaltung
- lokale Politiker

Dabei passt diese Idee vor allem dann gut, wenn es sich eher um ein emotional besetztes Produkt bzw. eine solche Dienstleistung handelt. Der Finanzberater, der seine Kurzvideos nur im tiefsten Bayrisch bespricht, tut sich damit vielleicht keinen Gefallen. Durch die Verwendung des lokalen Dialektes wird auch der lokale Bezug betont. Die Botschaft „Wir sind aus der Gegend. Wir gehören zu Euch." wird dadurch unterschwellig, aber sehr deutlich kommuniziert.

Dialektausdrücke als „Videostar"

Eine zweite Variante innerhalb dieses Konzeptes ist jene, die ich als „Verkaufen auf Wienerisch" vor kurzem gestartet habe. Dabei nutze ich das Format des Dialogs (zwischen zwei und ggfs. auch mehreren Personen) und bringe typische Begriffe, die in der Kommunikation zwischen Verkäufer und Kunden stattfinden könnten, in den Videos unter. Es wäre aber auch denkbar, dass Sie anstatt eines Dialoges den Dialektausdruck aus Ihrem Themenbereich im Video erklären.

In meinem eigenen Beispiel steht so bei jedem Video ein Wort oder auch eine Redewendung aus dem Wienerischen im Mittelpunkt – ist sozusagen der „Star" des Videos. Dieselbe Idee wäre natürlich auch auf andere Branchen einfach anwendbar.

Ein paar Beispiele, wo diese Idee gut passen könnte:

- Gastronomie: Kellner spricht mit Gast
- Hotel: Rezeptionsmitarbeiter spricht mit Gast
- Landwirtschaft mit Verkauf: Landwirt spricht mit Kunden

Gibt es in Ihrem Tätigkeitsbereich (Fach-) Begriffe, die in Ihrem Dialekt anders heißen oder zumindest extrem ausgesprochen werden?

27. Fachbegriffe

In etlichen Branchen gibt es Fachausdrücke, die erklärungsbedürftig sind. Besonders sehr ausgefallene Fachwörter eignen sich dafür sehr gut. Diese Fachbegriffe könnten – einer pro Video – vom Experten erklärt werden. Das allein wäre allerdings vermutlich oft zu langweilig. Die Herausforderung bei diesem Konzept besteht darin, diese Erklärung

- interessant bis spannend – Zuseher kann etwas lernen,
- hilfreich und nutzenstiftend – Zuseher profitiert davon, weil er es anwenden kann,
- humorvoll bis kurios – Zuseher wird unterhalten

zu gestalten. Das ist nicht immer einfach und erfordert ein wenig Denkarbeit und Kreativität.

Geeignet für

Dieses Konzept können Sie dann einer Prüfung unterziehen, wenn es in Ihrer Branche viele Fachausdrücke gibt, die für Ihr Zielpublikum erklärungsbedürftig und interessant sind.

Vorstellen könnte ich es mir etwa für

- Mediziner aller Arten
- Heilpraktiker und artverwandte Berufe
- Fitnesstrainer, was z. B. die Muskulatur betrifft
- Ernährungsexperten
- Köche
- Apotheker
- Wirtschaftsexperten zu Themen wie Inflation, Leitzinsentwicklungen, Börsengeschehen etc.
- Physiker, um die Physik in den Alltag zu übersetzen
- Biologen und Zoologen

Gibt es in Ihrer Branche viele Fachbegriffe, die Ihre Community interessieren könnten?

Ideen zu diesem Thema

Lassen Sie uns das Thema in Bezug auf Ideen für einen beispielhaften Koch durchforsten. Welche Fachbegriffe gäbe es da, die dieser für ein kurzes Erklärvideo nutzen könnte? Das Ergebnis einer sehr kurzen Recherche von mir (als Nicht-Koch) ist:

- Julienne: Eine Schnitttechnik, bei der Lebensmittel in dünne Streifen geschnitten werden.

- Sauté: Eine Methode des Bratens von Lebensmitteln in einer Pfanne bei hoher Hitze.

- Blanchieren: Das kurzzeitige Eintauchen von Lebensmitteln in kochendes Wasser, gefolgt von einer schnellen Abkühlung in Eiswasser, um sie zu blanchieren oder zu parieren.

- Emulsion: Eine Mischung aus zwei oder mehr unvermischbaren Flüssigkeiten, wie zum Beispiel Öl und Essig in einem Dressing.

- Mirepoix: Eine Mischung aus gehacktem Gemüse wie Karotten, Sellerie und Zwiebeln, die als Basis für Suppen, Saucen und Eintöpfe dient.

- Deglacieren: Das Lösen von Bratrückständen in einer Pfanne durch Zugabe von Flüssigkeit wie Wein oder Brühe, um eine Sauce oder Jus zuzubereiten.

- Bain-Marie: Ein Wasserbad, das verwendet wird, um Speisen schonend zu erhitzen oder warm zu halten.

- Zesten: Die fein abgeriebene äußere Schale von Zitrusfrüchten, die oft zum Aromatisieren von Speisen verwendet wird.

- Sautieren: Das schnelle Braten von Lebensmitteln in einer Pfanne mit wenig Fett.

- Karamellisieren: Das Erhitzen von Zucker, bis er schmilzt und eine goldbraune Farbe annimmt, um süße und herzhafte Gerichte zu aromatisieren.

- Jus: Eine reduzierte Brühe oder Sauce, die oft als Beilage zu Fleischgerichten serviert wird.
- Sous-vide: Eine Garmethode, bei der vakuumversiegelte Lebensmittel in einem Wasserbad bei niedriger Temperatur über einen längeren Zeitraum gekocht werden.
- Brunoise: Eine feine Würfeltechnik, bei der Lebensmittel in sehr kleine Würfel geschnitten werden.
- Infusion: Das Einweichen von Zutaten wie Kräutern oder Gewürzen in Flüssigkeiten wie Öl oder Wasser, um deren Aromen zu extrahieren.

Sie sehen, wie ergiebig Fachbegriffe für Serien von Kurzvideos sein können.

28. Geschichten in Kurzform

In jedem Geschäft ereignen sich Geschichten, die es wert sind, erzählt zu werden. Geschichten mit Kunden, Mitarbeitern, Lieferanten, Passanten, Anrufern, Bewerbern, Vorgesetzten. Unser Alltag ist voll von – manchmal ganz kurzen – kleinen Geschichten. Wenn Sie es schaffen, diese festzuhalten, können Sie daraus interessante Videos machen. Dabei lassen sich Geschichten durchaus auch in relativ kurze Videos verpacken. Sie dürfen dabei nicht an Romane oder Kinofilme denken. Das einminütige Telefonat mit einem Kunden kann bereits eine nette Geschichte für ein Video ergeben.

Was das grundlegende Format beim Erzählen von Geschichten betrifft, so eignen sich alle Dialoge dafür naturgemäß besonders gut. Statt die Geschichte zu erzählen, inszenieren Sie diese. Das ist zwar ein wenig aufwändiger, aber dafür auch deutlich erfolgsversprechender.

Dieses Konzept, Geschichten in kurzen Videos festzuhalten, überschneidet sich sicher mit dem einen oder anderen Konzept, das wir in diesem Buch bereits besprochen haben. Das schadet aber gar nicht. Ganz im Gegenteil. Wie ich aus eigener Erfahrung weiß, hilft es der Ideenfindung, über etwas von verschiedenen Blickrichtungen aus nachzudenken.

Geeignet für

Alle, die viel Kontakt mit anderen haben (siehe auch die oben genannten Beispiele), tun sich vermutlich relativ leicht mit diesem Konzept.

Gut vorstellbar, dieses Konzept erfolgreich umzusetzen, wäre es etwa für:

- Hotelbetriebe
- Gaststätten
- Fremdenführer
- Einzelhändler
- Vergnügungsparks
- Shopping-Center
- Zoos
- Schulen und Kindergärten
- Öffentliche Verkehrsbetriebe
- Öffentliche Verwaltung
- Fitnesscenter

Ganz allgemein würde ich aber Anfängern im Bereich Kurzvideos dieses Konzept nicht empfehlen. Es gibt in diesem Buch eine Menge deutlich einfacherer umsetzbarer Konzepte, Formate und Ideen. Wenn Sie allerdings schon einige Erfahrung haben, dann ist es die Meisterklasse, Ihre Alltagsgeschichten in Kurzvideos zu bringen.

Ideen zu diesem Thema

Wie erwähnt eignet sich dieses Konzept vor allem für diejenigen, die viele Kontakte bzw. einen sehr vielfältigen und abwechslungsreichen Alltag haben. Am Beispiel eines Hotels könnte man das Konzept folgendermaßen nutzen:

- Die Gäste, die wir heute besonders glücklich machen konnten und wie uns das gelungen ist.
- Wo wir heute dazugelernt haben und besser geworden sind.

- Was unsere Gäste heute erlebt haben – Warum nicht die Geschichten der Gäste nutzen?
- Geschichten aus der Hotelküche

Mit wem haben Sie viel Kontakt und welche dieser Geschichten lassen sich in interessante Videos verpacken?

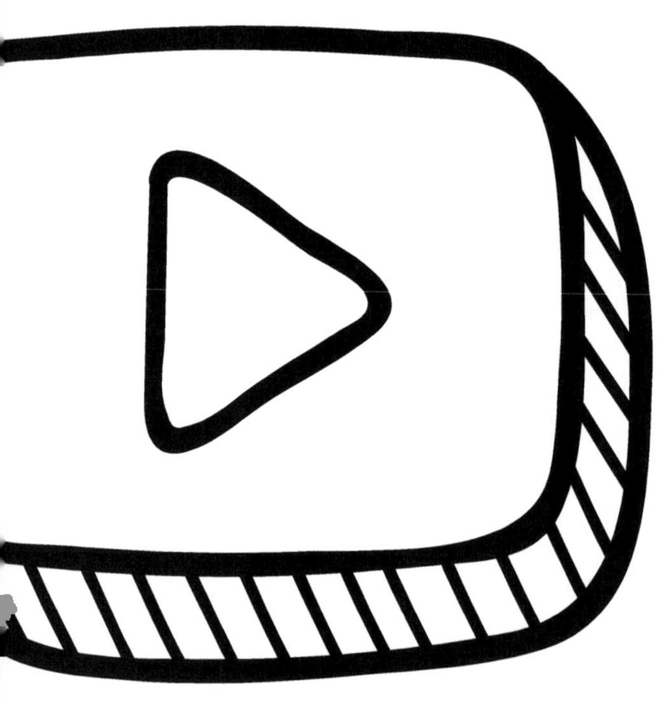

HOOKS

Die ersten paar Sekunden – und unter ein paar verstehe ich bei Kurzvideos eher 3 bis 5 als 10 – sind entscheidend. Das Video, das folgt, kann noch so gut sein. Wenn es die Hürde der ersten paar Sekunden nicht überwindet und die Zuseher so sehr interessiert oder sogar fesselt, dass diese dranbleiben und weiterschauen, ist der Rest egal. Daher sind Hooks so wichtig für den Erfolg Ihrer Videos.

Ein Hook ist somit der erste Satz in Ihrem Video (vorausgesetzt, es spricht darin jemand zu Beginn) bzw. die erste Aktion, das erste, was in Ihrem Video geschieht. Es gibt auch nonverbale Hooks – eine spannende Szene, von der man sich fragt, wie sie ausgeht, oder auch das spielende Kätzchen, das die Zuseher meist sofort in seinen Bann zieht, ohne dass auch nur ein Wort gesprochen werden müsste.

Da viele Ihrer Videos aber vermutlich welche sein werden, wo auch gleich zu Beginn etwas gesprochen wird, geht es in diesem Abschnitt um verbale Hooks, um Sätze, die Sie zu Beginn sprechen.

Kriterien, die ein Hook erfüllen sollte

Die Grundidee bei einem Hook ist, dass dieser neugierig macht.

Folgende Kriterien sollten Ihre Hooks erfüllen. Diese müssen nicht immer alle erfüllt sein, aber je besser Sie es schaffen, möglichst viele davon zu erfüllen, desto wirkungsvoller werden Ihre Hooks sein.

- Ein wirkungsvoller Hook sollte:
- unmittelbar mit dem Thema im Zusammenhang stehen,
- etwas Neues enthüllen,
- Neugierde wecken,
- einen schnellen und einfachen Weg ankündigen bzw. in Aussicht stellen,

- starke Eigenschaftswörter (Adjektive), wo immer diese passen, verwenden,
- ganz bewusst, klar und fokussiert genau die Zielgruppe ansprechen und
- Nutzen versprechen einen Vorteil, den der Zuseher hat, wenn er Ihr Video ansieht.

Vermeiden sollten Sie bei der Formulierung Ihrer Hooks Folgendes:

• Allzu viel Kreativität

Kreativität ist im Rahmen Ihrer Videos auch bei den Hooks etwas Gutes. Und doch kann man es auch übertreiben. Lassen Sie die Finger von Wortspielen und Kreationen, die vielleicht lustig sind (wenn sie verstanden werden) oder auch künstlerisch wertvoll, aber zu erklärungsbedürftig.

• Hooks, die nur die Neugierde wecken

Neugierde in Verbindung mit einem Nutzen bzw. dem Thema, um das es geht, ist perfekt. Aber nur Neugierde allein (Clickbaits) ist zu wenig und zu niveaulos. Das führt vielleicht zwar dazu, dass Ihre Videos ein wenig länger angesehen werden, die Zuseher sind dann allerdings enttäuscht, weil Sie A angekündigt und dann über Z gesprochen und so ihre Neugierde nicht befriedigt haben.

4 Schritte zum perfekten Hook

Mit Hilfe dieses sehr nützlichen Abschnittes werden Sie sehr einfach und rasch gute Ergebnisse mit Ihren Hooks erzielen. Am besten gehen Sie dabei so vor:

Schritt 1: Wählen Sie eine passende Hook-Formel bzw. Mustervorlage aus

Schauen Sie alle Varianten durch und lassen Sie sich spontan inspirieren. An welcher bleiben Sie hängen? Wozu haben Sie spontan eine Idee? Natürlich können Sie auch mehrere Varianten als Basis nutzen.

Schritt 2: Füllen Sie die Formel aus

Ersetzen Sie die Angaben in den Klammern durch die Begriffe aus Ihrem Themenbereich bzw. ergänzen Sie die Vorlage und runden Sie diese thematisch passend ab. Sie müssen sich dabei nicht sklavisch an die Vorlagen halten. Ergänzen Sie diese ruhig mit eigenen Ideen. Je öfter Sie sich damit beschäftigen, desto mehr eigene, zusätzliche Ideen für tolle Hooks als Einstiege in Ihre Videos haben Sie.

Schritt 3: Schreiben Sie mehrere Varianten

Der Hook ist wie erwähnt sehr wichtig für den Erfolg Ihres Videos. Daher sollten Sie in dessen Formulierung auch ein wenig Zeit investieren. Texten Sie am besten ein paar gute Hooks, bevor Sie sich dann für einen davon entscheiden. Der Erste, der Ihnen einfällt, ist nicht unbedingt der Beste. Oft kommen Sie erst beim Fünften oder gar Zehnten auf eine wirklich gute Idee.

Schritt 4: Wählen Sie den besten Hook aus

Das können Sie entweder nach Ihrem Gefühl machen oder auch andere fragen, was Sie dazu meinen. Ihre Hooks werden mit zunehmender Erfahrung immer besser werden.

Mit diesen Schritten und den folgenden Formeln wird es Ihnen rasch und einfach gelingen, Hooks zu erstellen, die Ihre Zuseher fesseln.

15 Formeln für exzellente Hooks

Um Ihnen das Kreieren bzw. Finden von passenden Hooks zu erleichtern, habe ich die Grundkonzepte für Hooks, die funktionieren in einer Art standardisierter Formeln zusammengefasst. Diese Formeln sind nicht jeweils auf alle Bereiche und Arten von Inhalten Ihrer Videos einsetzbar, doch viele davon passen für viele Videos. Ich bin überzeugt, dass Sie so ganz rasch einige sehr gute Hooks kreieren können.

Für dieses Buch habe ich die Formeln in 15 Grundvarianten zusammengefasst. Sie werden rasch feststellen, dass sich diese überschneiden. Ein Hook aus Variante 1 kann genauso gut in Variante 3 oder 7 passen.

Das ist für unsere Zwecke aber egal. Es geht schließlich nicht darum, möglichst überschneidungsfreie Formeln zu schaffen, sondern möglichst viele, tolle Aufhänger für Ihre Videos zu kreieren und dafür sind diese Formeln hervorragend geeignet.

Kategorie 1 – Fragen

Nicht jede Frageform ist als ein guter Aufhänger geeignet. Dabei ist zu beachten, dass viele Formulierungen, die auf den ersten Blick wie Fragen aussehen, keine sind.

- *„Warum viele damit nicht erfolgreich sind."*

Diese Formulierung ist eine Aussage und ist daher in einem anderen Bereich dieser Liste zu finden. Sie ist als Hook gut nutzbar, allerdings eben keine echte Frage.

Es sollten Fragen sein, die wirklich zum Nachdenken anregen oder neugierig auf die Antwort machen.

Aus den folgenden Frageformen lassen sich fesselnde Hooks machen:

- Was ist + (ein / eine / die / der / das) + (Produkt / Leistung / Vorgehensweise)?
  - » *„Was ist ein guter Hook?"*
- Was ist neu + (im / am / beim ...) + (Produkt / Leistung / Vorgehensweise)?
  - » *„Was ist neu bei Kurzvideos auf Instagram?"*
- Was sind die Geheimnisse hinter + (Produkt / Person / Prozess / Unternehmen / Erfolg)?
  - » *„Was sind die Geheimnisse erfolgreicher Hooks?"*
- Können wir + (Produkt / Prozess / Person / Unternehmen...) + wirklich vertrauen?
  - » *„Können wir diesen Hook-Formeln wirklich vertrauen?"*

- Machst du diese + (Zahl) + schweren Fehler (mit / bei deinem) + (Produkt / Prozess / Person / Unternehmen…)?
  - » *„Machst du diese 3 schweren Fehler bei deinen Hooks auch?"*
- Warum machst du + (Vorgehensweise + negatives Ergebnis) + immer noch, statt das zu tun?
  - » *„Warum machst du immer noch Bild-Posts, die keine Reichweite bringen, statt das zu tun?"*
- Warum schwören viele + (Promis / Unternehmer / Spitzensportler / Zielgruppe X …) + auf dieses Produkt?
  - » *„Warum schwören viele der größten Influencer auf diese Hook-Formeln?"*
- Hast du das schon einmal + (Produkt / Vorgehens- weise) + ausprobiert?
  - » *„Hast du schon einmal Hook-Formeln für deine Videos ausprobiert?"*
- Kennst du diese + (Zahl) + (Tipps / Techniken / Wege / Strategien / …) + um + (Ergebnis) + zu erreichen?
  - » *„Kennst du diese 3 Regeln für gute Hooks, um mehr Reichweite bei deinen Videos zu erreichen?"*
- Wie viele dieser + (effektiven / wirksamen / brand- neuen / geheimen …) + (Tipps / Techniken / Wege / Strategien / …) + kennst du noch nicht?
  - » *„Wie viele dieser geheimen Tipps für mehr Reichweite auf Instagram kennst du noch nicht?"*
- Bist du ein Typ A oder Typ B (Typen ggfs. durch passende Ausdrücke ersetzen)?
  - » *„Bist du ein spontaner Typ, wenn es um gute Hooks geht, oder nutzt du bereits diese erfolgreichen Formeln?"*
- Wie werden wir von + (den Medien / der Umwelt / dem Umfeld / …) + beeinflusst?
  - » *„Wie werden wir von den Medien beeinflusst?"*

Die nachfolgenden Beispiele veranschaulichen, wie man die Frageform in Bezug auf die jeweilige Branche flexibel einsetzen kann.

Branchenbeispiele – Fragen

- **Immobilien**
  - » *„Überteuerte Kaufangebote – Können Sie Ihrem Immobilienmakler wirklich vertrauen?"*
  - » *„Machst du diese 3 Fehler auf der Suche nach deinem neuen Zuhause auch?"*
- **Grafik / Fotografie**
  - » *„Wie schafft es ein Grafikdesigner, Ihrer Website Spitzenklasse zu verleihen?"*
  - » *„Hindern dich diese 5 Fehler daran, Fotograf des Jahres zu werden?"*
- **Garten**
  - » *„Was ist dran an den Gefahren des genmanipulierten Saatguts?"*
  - » *„Hindern dich diese 5 Fehler daran, die leckersten Tomaten der Welt zu ernten?"*
- **Gastronomie**
  - » *„Welches Geheimrezept macht einen Restaurantbesuch zu einem unvergesslichen Erlebnis?"*
  - » *„Verlierst du täglich Geld bei der Berechnung deiner Menüpreise?"*
  - » *„Kennst du diese 3 effektiven Strategien, damit deine Gäste dich weiterempfehlen?"*
- **Ernährungsberatung**
  - » *„Welche Geheimwaffe bringt dich schnell und effektiv zu deinem Wunschgewicht?"*
  - » *„Machst du diese 3 fatalen Fehler beim Abnehmen?"*
  - » *„Warum schwören die 3 schönsten Frauen der Welt auf Tomaten?"*

- **Coaching**

  » *„Welche Erfolgsformel verändert beim Coaching Ihr Leben?"*

  » *„Machst du diese 3 ärgerlichen Fehler bei der Berechnung deines Coaching-Honorars und verlierst so unnötig Geld?"*

- **Social-Media-Beratung**

  » *„Wie beeinflusst Social Media unser Leben und wie können wir es klug nutzen?"*

  » *„Verhindern diese 3 Fehler, dass deine Followerzahl dramatisch in die Höhe schießt?"*

- **Gesundheit**

  » *„Welche Zaubermittel verschaffen Ihnen ein schmerzfreies Leben?"*

  » *„Können wir der Pharmaindustrie unsere Gesundheit anvertrauen?"*

  » *„Bist du ein Seiten- oder Rückenschläfer?"*

- **Verkauf / Sales**

  » *„Verkauf ist nicht alles – mit welchen erprobten Strategien schaffst du es, deine Kunden wirklich dauerhaft an dich zu binden?"*

  » *„Stehen dir diese 3 verhängnisvollen Fehler beim Verkaufsabschluss im Weg?"*

  » *„Bist du Jäger oder Pfleger?"*

- **Beauty**

  » *„Was steckt hinter dem neuen Beauty-Geheimnis?"*

  » *„Kannst du deinem Anti-Aging-Produkt wirklich vertrauen?"*

  » *„Hast du schon einmal Trüffel ausprobiert?"*

Kategorie 2 – Zahlen

Bei dieser Kategorie von Hooks stehen Zahlen im Mittelpunkt. Doch Zahl ist nicht gleich Zahl. Ungerade Zahlen erhalten oft mehr Klicks, mit Ausnahme der Zahl 10 (was aber für ein Kurzvideo meist zu viel sein kann, wenn es etwa um Tipps geht).

- Die + (Zahl) + (besten / erfolgreichsten / unbekanntesten / wirksamsten / eigenartigsten / frechsten/ lustigsten …) + (Ideen / Wege / Tipps / Strategien / Techniken) + (für / um zu / die) + (Ergebnis / Nutzen / Thema / Zielgruppe)
  - » *„Die 7 erfolgreichsten Wege, um einen Kunden sofort zu überzeugen"*
  - » *„Die 3 wirksamsten Techniken für Coaches"*
- (Zahl) + (tolle / geheime / unbekannte / unterhaltsame / spektakuläre / hochwirksame …) + (Ideen / Wege / Tipps / Strategien / Techniken) + (für / um zu / die) + (Ergebnis / Nutzen / Thema / Zielgruppe)
  - » *„5 wirksame Produkte, die Ihre Tomaten riesig werden lassen"*
- Mit diesen + (Zahl) + (Eigenschaftswort) + (Ideen / Wege / Tipps / Strategien / Techniken) + (Zeitwort) + (Ergebnis / Nutzen)
  - » *„Mit diesen 5 kinderleichten Strategien lernen Sie auf jeder Party interessante Menschen kennen."*
- (Aufforderung) + (berühmte Persönlichkeit / Unternehmen): (Zahl) + (Eigenschaftswort) + (Wege / Ideen/ Strategien / Taktiken / Techniken / Varianten) + für + (Eigenschaftswort) + (Endergebnis)
  - » *„Mach es wie Amazon: 7 effektive Strategien für ein wachsendes Online-Geschäft"*

Branchenbeispiele - Zahlen

- **Immobilien**
  - » *„Mit diesen 5 Tipps bringen Sie Ihre Immobilie gewinnbringend an den Mann."*

» „5 nahezu magische Worte, mit denen Sie Abgeber von Immobilien sofort überzeugen."

• **Grafik / Fotografie**

» „3 Strategien, wie Sie nicht nur guter Fotograf, sondern auch erfolgreicher Unternehmer werden"

• **Garten**

» „5 einfache Techniken für ein beneidenswertes Gartendesign"

» „Mit diesen 3 Geheimtipps ernten Sie die größten Kürbisse"

• **Gastronomie**

» „Lerne kochen wie Jamie Oliver. 5 einfache Wege zu einem großartigen Geschmackserlebnis"

» „5 leicht umsetzbare Strategien für mehr Trinkgeld"

• **Ernährungsberatung**

» „5 praktische Tipps für ein gesundes Leben"

» „Schau es dir von den Italienern ab – 7 verblüffende Tipps, wie du schlemmen kannst, ohne zuzunehmen"

• **Coaching**

» „3 außergewöhnliche Strategien, die Sie als Coach kennen müssen"

» „5 Wege zu neuen Klienten als Coach"

• **Marketingberatung**

» „5 Ideen für ein ausgeklügeltes Newsletter-Marketing, das Ihren Blog auf das nächste Level katapultiert"

» „Mit diesen 3 Strategien werden Ihre Newsletter doppelt so oft geöffnet."

• **Fitness / Personaltraining**

» „Mit diesen 5 einfachen Tricks lässt sich Sport leicht in Ihr Leben integrieren"

- **Gesundheit**
  - » *„3 wirksame Therapien für mehr Erholung und Entspannung in Ihrem Leben"*
- **Verkauf / Sales**
  - » *„Mit diesen 5 verlässlichen Abschlusstechniken sichern Sie sich die Unterschrift Ihres Kunden."*
- **Webdesign**
  - » *„5 praktische Wege mit einem großartigen Webdesign, Ihre Umsätze zu steigern"*

Kategorie 3 – „Wie du …"

Die sogenannten „How-to"-Hooks werden im Englischen sehr häufig verwendet. „Wie du"-Hooks – die deutsche Version – versprechen ein konkretes Ergebnis, einen konkreten Gewinn.

An dieser Stelle steht vor allem der Nutzen im Vordergrund. Legen Sie Ihren Fokus also darauf, beschreiben Sie das Endergebnis und keine Eigenschaften oder Prozesse. Wenn Sie die Wirkung noch verstärken wollen, verdoppeln Sie den Nutzen. Kombinieren Sie zwei Nutzen in einer Aussage und verbinden Sie diese logisch miteinander.

- Wie + (du / ich / Sie / man / Berufsgruppe / bekannte Person / bekanntes Unternehmen) + (Handlung / Aufgabe) + (damit verbundener Nutzen)
  - » *„Wie Sie Reifen rasch wechseln, ohne sich die Hände schmutzig zu machen."*
- Wie + (du / ich / Sie / man / Berufsgruppe / bekannte Person / bekanntes Unternehmen) + (Handlung/ Aufgabe) + (Nutzen / Ergebnis) + auch wenn + (Einwand)
  - » *„Wie Sie es beim Skilaufen wohlig warm haben, auch wenn es -15 Grad sind!"*
- Wie + (du / ich / Sie / man / Berufsgruppe / bekannte Person / bekanntes Unternehmen) + (Endergebnis / Nutzen) – Die ultimative Anleitung
  - » *„Wie Top-Speaker ihr Publikum begeistern – die ultimative Anleitung!"*

- Wie + (du / ich / Sie / man / Berufsgruppe / bekannte Person / bekanntes Unternehmen) + (Problem / Gegner ...) + (Eigenschaftswort) + (besiegen / eliminieren / ausmerzen / beseitigen ...)
    » *„Wie Sie das Bauchfett ein für alle Mal besiegen."*
    » *„Wie Profis lästiges Ungeziefer rasch und restlos eliminieren."*
- Wie + (du / ich / Sie / man / Berufsgruppe / bekannte Person / bekanntes Unternehmen) + (Problem / Gegner ...) + nie mehr + unter (Problem) leiden musst
    » *„Wie Sie nie mehr unter Schuppenflechte leiden müssen."*

Branchenbeispiele – „Wie du ..."

- **Immobilien**
    » *„Wie du dir die perfekte Immobilie sicherst und dein neues Zuhause findest."*
- **Grafik / Fotografie**
    » *„Wie du als Fotograf deine Fotos erfolgversprechend auf deiner Website präsentierst und damit deine Auftragslage maximal verbesserst."*
- **Garten**
    » *„Wie du einen Garten pflegeleicht anlegst und dir eine sensationelle Ernte sicherst."*
- **Ernährungsberatung**
    » *„Wie Sie schnell und einfach zu Ihrem Wunschgewicht kommen – die 3 wirksamsten Tipps."*
- **Coaching**
    » *„Wie du das Beste aus deinem Coaching herausholst und deine Ängste besiegst."*
- **Social-Media-Beratung**
    » *„Wie du starke Betreffzeilen in Newslettern schreibst, die wirklich verkaufen."*
    » *„Wie du einen Newsletter schreibst, der durch die Decke geht und deine Auftragslage verbessert."*

Kategorie 4 – „So …"

Hooks, die mit „So …" beginnen, erzeugen Spannung. Es wird (noch) nicht verraten, was hinter dem „so" steckt. Um das zu erfahren, muss man weiterlesen. „So"-Hooks gibt es in verschiedenen Varianten. Eine Alternative, die Sie (meistens) statt dem „So" verwenden können, ist das „Damit", das denselben Effekt hat. „So" passt besser für eine Vorgehensweise, „damit" eher für ein Produkt oder Hilfsmittel.

- So geht + (Handlung)

  » *„So geht Kundenakquise"*

- So / Damit gelingt Ihnen + (Handlung)

  » *„So gelingt Ihnen der Apfelstrudel – Immer!"*

- So / Damit haben Sie nie mehr + (Problem)

  » *„So haben Sie nie mehr Ameisen in der Küche"*

- So macht es + (bekannte Person / Unternehmen / Berufsgruppe)

  » *„So macht es Apple" – dabei wird doppelt Spannung erzeugt, denn auch das „es" wird noch nicht enthüllt. Aber Achtung: Passen Sie auf, dass dem Hook auch Substanz folgt und dieser nicht nur neugierig macht*

- So / Damit macht + (bekannte Person / Unternehmen / Berufsgruppe) + (Ergebnis / Nutzen)

  » *„So macht Jamie Oliver in 15 Minuten ein 3-Gänge-Menü."*

Branchenbeispiele – „So …"

- **Immobilien**

  » *„So gelingt Ihnen ein Hausverkauf, von dem Käufer und Verkäufer maximal profitieren."*

- **Architekten**

  » *„So / Damit sparen Sie unnötige Kosten, wenn Sie mit Architekten arbeiten."*

- **Grafik / Fotografie**

  » *„So / Damit gelingt Ihnen ein Foto, das Sie über Nacht berühmt macht."*

- **Garten**

  » *„So verfassen Sie einen Gartenplan, der Ihnen ganzjährige Ernte sichert."*

- **Gastronomie**

  » *„So gestalten Sie kinderleicht ein Menü, das Ihren Umsatz deutlich steigert."*

- **Unternehmensberatung**

  » *„So reduzieren Sie die Personalkosten deutlich, ohne Mitarbeiter kündigen zu müssen."*

Kategorie 5 – „Grund warum ..."

Gründe, warum etwas funktioniert oder auch nicht funktioniert, interessieren natürlich immer. „Was kann ich tun, um besser bzw. erfolgreicher zu werden?", ist die Frage, die viele Ihrer Zuseher im Kopf haben.

- Der (Eigenschaftswort) + Grund (die Gründe), warum + (du / ich / Sie / man / Berufsgruppe / bekannte Person / bekanntes Unternehmen) + (Eigenschafts- wort) + (Handlung)

  » *„Der wichtigste Grund, warum Sie rasch aufhören sollten, Kohlenhydrate zu essen"*

- (Zahl) + (Eigenschaftswort) + (Grund/ Gründe) + warum + (Handlung / Endergebnis)

  » *„3 handfeste Gründe, warum Sie mehr Kaffee trinken sollten"*

Branchenbeispiele – „Grund warum ..."

- **Immobilien**

  » *„3 ultimative Gründe, warum Sie Ihre Immobilie dem Makler überlassen sollten"*

- **Coaching**
    - » *„5 sehr gute Gründe, privat und beruflich in ein Coaching zu investieren"*
- **Social-Media-Beratung**
    - » *„Der Grund, warum du lernen musst, außerordentliche Hooks zu kreieren"*
    - » *„5 Gründe, warum du auf ein gutes Newsletter Marketing nicht verzichten darfst"*
- **Verkauf / Sales**
    - » *„5 handfeste Gründe, warum Sie lieber kein Angebot erstellen sollten"*
- **Webdesign**
    - » *„5 überzeugende Gründe, warum Sie für Ihren Internetauftritt einen Webdesigner engagieren sollten"*

Kategorie 6 – Befehle und Aufforderungen

Hooks, die nach Aufforderungen klingen, haben oft auch etwas Motivierendes. Der Leser fühlt sich nicht nur angesprochen, sondern auch angespornt.

- (Befehl / Aufforderung) + jetzt + (Eigenschaftswort) + (Handlung / Erfolg / Nutzen)
    - » *„Schaffen Sie sich jetzt die finanzielle Basis für eine Rente ab 55."*

Diese Variante lässt sich auch mit der „So"-Variante sehr gut kombinieren.

   - » *„Schaffen Sie sich jetzt die finanzielle Basis für eine Rente ab 55 – So geht es!"*

Branchenbeispiele – Befehle und Aufforderungen

- **Immobilien**
    - » *„Finde jetzt das richtige Zuhause, das deine Familie glücklich macht."*

- **Garten**
  - » *„Baue jetzt selbst köstliches und gesundes Gemüse an und verlege den Einkauf in deinen Garten."*
- **Ernährungsberatung**
  - » *„Probiere jetzt diese köstlichen Gerichte aus und sichere dir dein Wunschgewicht."*
- **Coaching**
  - » *„Lasse dich in deinem Business für einen langfristigen Erfolg von einem Coach begleiten und inspirieren."*
- **Social-Media-Beratung**
  - » *„Schreibe jetzt gleich großartige Hooks, die deine Leser fesseln."*
  - » *„Lerne jetzt fesselnde Betreffzeilen zu schreiben, wenn du mit deinem Newsletter erfolgreich sein willst."*
- **Webdesign**
  - » *„Lerne jetzt selbst Webdesign zu verstehen, um mehr Leser auf deine Website zu locken."*

Kategorie 7 – Meinungen, Aussagen und Zitate

Auch die Meinungen oder Erfahrungen von anderen können inspirierend und motivierend wirken.

- *„Nachdem ich gelernt habe, gute Hooks zu schreiben, ist meine Reichweite explodiert."*
- *„Die richtigen Hooks haben meine Videos viral gemacht"*

Bekannte Persönlichkeiten

Viele Menschen nehmen sich bekannte und berühmte Persönlichkeiten als Vorbilder. Diese sind natürlich in den Bereichen, für die sie berühmt sind, sehr glaubwürdig. Aber nicht nur. Die Berühmtheit färbt auch auf die Kompetenz in anderen Bereichen ab.

So könnte der Starkoch etwa auch als Testimonial für Geldanlagen herhalten, Hauptsache er ist bekannt.

Es kann motivierend sein, dass es bereits jemanden gibt, der das erreicht hat, was man sich selbst vorgenommen hat. Das Ziel scheint nicht mehr ganz so fern, wenn es jemandem bereits gelungen ist, das zu erreichen.

- Mache es (ggfs. Handlung einsetzen) + wie + (berühmtes Beispiel)
    » *„Mache es wie Jeff Bezos!"*
- (Berühmte Persönlichkeit) sagt: (interessante Aussage)
    » *„Elon Musk sagt: Der Solarenergie gehört die Zukunft!"*
    » *„Nachhaltige Investitionen sind der einzige Weg zu hohen Renditen" – sagt Warren Buffett. (ist auch umgekehrt möglich)*

Branchenbeispiele

- **Garten**
    » *„Lege deinen Garten wie Marie von Wurzelwerk an und du musst nicht mehr einkaufen gehen."*
- **Gastronomie**
    » *„Mache es wie Tim Mälzer und verbinde mit diesen 3 Strategien Erfolg und Leidenschaft."*
- **Werbetexter**
    » *„Schreibe Betreffzeilen wie David Ogilvy und erhöhe damit deinen Umsatz um 50 Prozent."*
- **Finanzberater**
    » *Arnold Schwarzenegger verrät: „Damit erziele ich die höchsten Renditen."*
- **Therapeut**
    » *Lady Gaga gewährt Einblicke: „So bekomme ich meine Depression in den Griff."*

Kategorie 8 – Produkte und Dinge

Trotz aller Digitalisierung geht es in vielen Branchen immer noch um physische Dinge, die wir kaufen oder entdecken können. Diese lassen sich gerade in Videos sehr gut zeigen oder vorführen.

Passende Hooks für diese Art Inhalte Ihrer Videos funktionieren nach der folgenden Formel:

- (Zahl) + (Eigenschaftswort: ungewöhnliche, erstaunliche, überraschende, spottbillige, sehr seltene …)
  + Produktbezeichnung (Dinge, Kleidungsstücke, Küchenutensilien – je nach Branche), die ich (man / viele / Experten …)
  - » täglich nutze
  - » im Internet entdeckt habe
  - » im Wald gefunden habe
  - » immer morgens esse
  - » täglich trage
  - » noch nie getragen habe
  - » mein Leben verändert haben
  - » in keinem XY fehlen sollten

Branchenbeispiele

- **Schreibcoach**
  - » *„3 erstaunliche Tools, die ich beim Schreiben täglich nutze "*
- **Personal-Trainer**
  - » *„5 günstige Fitnessgeräte, die das Leben meiner Klienten verändern"*
- **Influencer**
  - » *„Die 3 nützlichsten Dinge, die ich letzte Woche im Internet gefunden habe"*
- **Ernährungsberater**
  - » *„5 gesunde Lebensmittel, die ich beim Waldspaziergang heute gesammelt habe"*

- **Sportler**

    » *„3 Zutaten, die jeden Morgen in mein Frühstück kommen"*

- **Bauplaner**

    » *„5 Baumaterialien, die in keinem nachhaltigen Haus fehlen dürfen"*

Kategorie 9 – Geheimnisse

Unbekanntes, Geheimnisse und versteckte Wahrheiten haben schon immer unsere Neugier geweckt. Bei Ihren Zusehern ist das genauso. Daher kann es eine sehr wirksame Strategie sein, in Ihren Hooks mit dem „Geheimnis" zu spielen. Natürlich lassen sich Anspielungen auf Geheimnisse in viele der bisherigen Strategien für wirksame Hooks einbauen.

- Das + (Eigenschaftswort: erstaunliche, verborgene, verblüffende ...) + Geheimnis von ...
- Die + (Eigenschaftswort: nackte, brutale, schonungs-lose, überraschende ...) + Wahrheit hinter ...
- Das wussten Sie sicher noch nicht über ...
- Dieses Geheimnis von + (berühmte Person / Unternehmen ...) kannten Sie sicher noch nicht

Branchenbeispiele - Geheimnisse

- **Immobilien**

    » *„Makler verrät 3 erstaunliche Geheimnisse hinter der Immobilienbewertung, die Ihnen einen großen Vorteil verschaffen."*

- **Grafik / Fotografie**

    » *„Das Geheimnis hinter dem perfekten Portraitfoto"*

- **Social-Media-Beratung**

    » *„Das Nummer 1 Geheimnis von erfolgreichen Betreffzeilen und Überschriften"*

- **Fitness / Personaltraining**

    » *„Die Geheimnisse Ihres Körpers – Was Sie für eine perfekte Figur wissen und tun müssen."*

- **Bauplaner**
  - » *„Das Geheimnis, mit dem Sie Ihren Energieverbrauch halbieren"*

Kategorie 10 – „Der schnelle Weg um …"

In unserer heutigen Zeit muss alles schnell gehen. „Bloß keine Zeit verlieren!" – lautet oftmals die Devise. Dieses Bedürfnis können Sie für Ihre Hooks nutzen.

- Der schnelle / schnellste Weg um + (Ergebnis)
  - » *„Der schnellste Weg, um erfolgreiche Hooks zu texten"*
- In nur (X Minuten / Stunden / Tagen / Wochen / Monaten) zu (Ergebnis)
  - » *„In nur 1 Minute zum perfekten Hook für Ihr Kurzvideo"*

Branchenbeispiele – „Der schnelle Weg um …"

- **Immobilien**
  - » *„Der schnelle Weg, Ihre Immobilie gewinnbringend an den Mann zu bringen"*
  - » *„In nur 4 Wochen Ihre Immobilie profitabel verkaufen"*
- **Garten**
  - » *„Der schnelle Weg, Ihren Garten mit Hochbeeten zu bereichern"*
  - » *„In nur 1 Stunde zu Ihrem Hochbeet"*
- **Ernährungsberatung**
  - » *„Der schnellste Weg zu Ihrem Wunschgewicht"*
  - » *„In nur 10 Wochen zu Ihrem Wunschgewicht"*
- **Social-Media-Beratung**
  - » *„Der schnelle Weg, um mit den richtigen Hooks die Reichweite deiner Posts zu verdoppeln"*
  - » *„In nur 10 Minuten 10 hervorragende Hooks texten"*

- **Fitness / Personaltraining**
  - » *„Der schnelle Weg zu mehr Gesundheit und Fitness"*
  - » *„Mit nur 10 Minuten pro Tag in 10 Wochen 10 Kilo abnehmen"*
- **Gesundheit**
  - » *„Der schnelle Weg, sich von Schmerzen zu befreien"*
  - » *„In nur 5 Minuten Rückenschmerzen zum Verschwinden bringen"*

Kategorie 11 – „Was du unbedingt wissen solltest"

Nichts zu verpassen, ist ebenfalls ein Bedürfnis Ihrer Community, das gestillt werden möchte. Wenn Sie daher im Hook auf spannende und wichtige Informationen hinweisen, kann das sehr gut funktionieren und die Zuseher zum Weiterschauen veranlassen.

- Was du als (Mann / Frau / Berufsbezeichnung / Nationalität / Rolle / Typ …) + unbedingt über + (Mann/ Frau / Berufsbezeichnung / Nationalität / Rolle / Typ/ Unternehmen / Handlungen …) + wissen solltest + (ggfs. ergänzen mit … bevor du + negatives Ergebnis / Handlung …)
  - » *„Was du als Selbstständiger unbedingt über effektive Hooks wissen solltest, bevor du viel Zeit verschwendest."*

Branchenbeispiele – „Was du unbedingt wissen solltest"

- **Immobilien**
  - » *„Was du als erfolgreicher Immobilienmakler unbedingt über die Bedürfnisse deiner Kunden wissen solltest, bevor dir potenzielle Käufer wieder abspringen."*
- **Grafik / Fotografie**
  - » *„Was du als Hochzeitsfotograf unbedingt von Braut und Bräutigam erfahren solltest."*

- **Gastronomie**
  - » *„Was du als Restaurantbesitzer unbedingt über die Magie der Worte für deine Speisekarten wissen musst."*
- **Social-Media-Beratung**
  - » *„Was du als erfolgreicher Unternehmer unbedingt über Hooks wissen solltest."*
- **Sexualtherapie und -beratung**
  - » *„Was Sie vor der Hochzeit unbedingt über die sexuellen Bedürfnisse Ihres Partners wissen sollten."*

Kategorie 12 – Verlust, Fehler und Irrtümer

Fehler, die uns am schnellen Erfolg hindern und uns zurückwerfen, möglichst zu vermeiden, ist Ihren Fans und Followern natürlich auch wichtig. Die Angst vor Verlust ist – so zeigen verhaltenspsychologische Studien – noch deutlich stärker ausgeprägt als die Motivation durch einen möglichen Zugewinn. Daher können Sie Hooks so formulieren, dass diese auf genau diese Verlustangst und die Vermeidung von Verlusten und Fehlern als Lesernutzen abzielen. Auch hier ist z. B. die Kombination mit Zahlen sehr gut nutzbar.

- (Zahl) + (Eigenschaftswort) + Fehler + (negatives Versprechen)
  - » *„3 kapitale Fehler, die dein Gemüsebeet ruinieren."*
- (Zahl) + (Eigenschaftswort) + Gründe warum + (negatives Versprechen)
  - » *„3 entscheidende Gründe, warum deine Partnerschaften nie lange halten."*
- Mit diesen + (Zahl) + (Verhaltensweisen / Fehlern / Irrtümern / falschen Vorgehensweisen / Aussagen) + (negatives Versprechen)
  - » *„Mit diesen 5 Verhaltensweisen schrecken Sie jeden Bewerber ab."*

Branchenbeispiele – Verlust, Fehler und Irrtümer

- **Immobilien**
  - » *„5 Gründe, warum du deine Immobilie unter-schätzt und unter Wert anbietest."*
  - » *„Mit diesen 3 Aussagen vergraulst du jeden Interessenten sofort."*
- **Garten**
  - » *„Mit diesen 3 Fehlern lässt du Schädlingen in deinem Garten freie Fahrt."*
  - » *„3 Gründe, warum Schnecken dein Gemüsebeet kahlfressen."*
- **Ernährungsberatung**
  - » *„Diese 3 gravierenden Fehler führen dazu, dass du zunimmst, statt Gewicht zu verlieren."*
  - » *„Die 3 größten Fehler, die dazu führen, dass du deine Pfunde behältst."*
- **Social-Media-Beratung**
  - » *„5 Fehler, die deinen Newsletter ruinieren. Garantiert!"*
  - » *„5 Fehler bei der Verwendung von Hooks – und wie du sie vermeidest"*
- **Verkauf / Sales**
  - » *„Durch diese 5 Fehler verschwenden Sie Zeit und Ressourcen bei der Angebotserstellung."*
  - » *„Die 3 häufigsten Gründe, warum deine Kunden nicht kaufen."*

Kategorie 13 – „Dafür würde ich …"

Etwas im Hook anzusprechen, aber nicht aufzulösen, was es ist, macht natürlich unglaublich neugierig – und man schaut sich das Video weiter an. Eine Möglichkeit, diesen Effekt zu erzielen, ist jene mit der Dafür-Formel.

- **Dafür würde ich …**
  - » glatt sterben
  - » sofort 1.000 € oder mehr bezahlen

» alles stehen und liegen lassen

» mein Leben sofort verändern

» alles geben

» ....

Branchenbeispiele – „Dafür würde ich ...“

Für diese Formel Beispiele für unterschiedliche Branchen und Situationen zu bringen, ist nahezu überflüssig, denn die Hooks, die so entstehen, sind so allgemein gehalten, dass sie nahezu überall passen. Lassen Sie uns daher die Beispiele umdrehen und überlegen, für welche Anwendungsbereiche ein und derselbe Hook passen könnte.

Dafür würde ich alles geben!

• **Ernährungsberatung**

» *„Dafür würde ich alles geben! Das sagen viele Menschen, wenn ich sie frage, was sie von einem Lebensmittel halten würden, mit dem sie abnehmen, ohne hungern zu müssen.“*

• **Gärtner**

» *„Dafür würde ich fast alles geben“, sagen mir Kunden immer, wenn ich Ihnen sage, dass dieser Trick ihren schönen Rosengarten endlich von lästigen Schädlingen befreit.*

• **Social-Media-Beratung**

» *„Dafür würde ich fast alles geben! Das sagen die meisten, die ich frage, ob Sie Interesse an einer Strategie haben, die ihnen das lästige tägliche Posten erspart und dabei noch die Reichweite deutlich steigert.“*

Sie sehen schon, mit ein wenig Fantasie lässt sich dieser Hook auf sehr viele unterschiedliche Branchen anwenden. Zugegeben „Dafür würde ich fast alles geben!“, klingt vielleicht ein wenig übertrieben bis dramatisch, doch heutzutage ist es notwendig, ab und zu zu übertreiben, um überhaupt wahrgenommen zu werden.

Was ist Ihr „Dafür“ und was würden Sie „dafür“ tun?

Kategorie 14 – „Wenn … dann"

Eine bewährte Formel, um Ihre Hooks zu kreieren, ist die „Wenn – dann"-Formel. Dabei gibt es mehrere Varianten:

- Wenn + Bedingung + (Dann) + Befehl
    - » *„Wenn dich interessiert, warum du nicht abnimmst, dann sieh dir das an."*
    - » *„Wenn dich interessiert, warum du nicht abnimmst, sieh dir das an." (das „Dann" kann auch weggelassen werden)*
- Wenn + (negative) Bedingung A + (Dann) + (negative) Folgerung B
    - » *„Wenn du keine Hooks in deinen Videos verwendest, dann wird deine Reichweite nicht steigen."*
- Aufforderung / Befehl + Wenn + (negative) Folgerung
    - » *„Sieh dir das an, wenn dich interessiert, warum du nicht abnimmst."*

Letztlich ist es vermutlich egal, welche Sie davon nutzen. Es kommt – wie immer – auf den genauen Einsatzzweck an.

Branchenbeispiele – „Wenn … dann"

- **Fensterhersteller**
    - » *„Wenn Sie endlich absolute Stille in Ihren vier Wänden genießen wollen, dann sollten Sie sich kurz unsere neue Technologie ansehen."*
    - » *„Wenn Sie weiterhin Geld verschwenden wollen, dann sollten Sie Ihre alten Fenster behalten."*
- **Finanzberatung**
    - » *„Wenn Ihr Geld Geld verdienen soll, und zwar egal, wohin sich die Börsen gerade bewegen, dann wird Sie das brennend interessieren."*
    - » *„Wenn Ihr Depot wachsen soll, auch wenn die Börsenindizes sinken, dann ist diese Strategie die richtige für Sie."*

- **Massage**
  - » *„Wenn Sie schon alles Mögliche versucht haben und Ihre Rückenschmerzen Sie immer noch quälen, dann sollten Sie sich diese Technik ansehen, mit der sie in nur 10 Minuten verschwinden."*
  - » *„Wenden Sie diese Technik ganz leicht selbst an, wenn Sie Rückenschmerzen quälen."*
- **Kindererziehung**
  - » *„Wenn Ihre Kinder einfach nicht auf Sie hören und Sie sich hilflos fühlen, dann wird Sie diese von Psychologen entwickelte Methode interessieren."*
  - » *„Lesen Sie dieses Buch, wenn aus Ihren Kindern erfolgreiche Erwachsene werden sollen."*
- **Immobilien**
  - » *„Wenn Sie bisher dachten, dass es zu einem eigenen Haus finanziell nie reichen wird, dann wird Sie das erstaunen."*
  - » *„Wenn Sie weiterhin Zeit mit der Immobiliensuche verschwenden wollen, dann sollten Sie keinesfalls hier klicken und weiterlesen."*

Kategorie 15 – „Wenn ich doch ..."

Eine weitere Formel, die auf das für Hooks hilfreiche Wort „Wenn" zurückgreift, ist die „Wenn ich doch ..."-Formel. Viele Menschen bereuen häufig, dass sie etwas getan oder eben nicht getan haben. Hooks, die mit dieser Formel gebildet wurden, sprechen sie genau darauf an und holen sie somit gedanklich ab. Sie ist der „Wenn ... dann"-Formel sehr ähnlich. Man könnte sie auch als Variante dieser bezeichnen.

- Wenn + (ich / wir / mein Mann / meine Eltern / ...) + doch + (wünschenswerter Zustand / wünschenswertes Ereignis)
  - » *„Wenn ich das doch schon früher gewusst hätte!"*

Wie Sie sehen, können Sie sich auch bei der Nutzung dieser Formel noch inhaltlich bedeckt halten, was den Hook angeht.

Was „das" ist, wird im Hook nicht aufgelöst und macht wieder neugierig. Statt des „ich" können wahlweise auch andere Personen oder Personengruppen eingesetzt werden.

Branchenbeispiele – „Wenn ich doch …"

- **Fotograf**
  - » *„Wenn ich dieses kleine Gerät hier schon früher gekannt hätte, dann hätte ich Fotos wie die, die Sie gleich sehen werden, schon seit Jahren ganz einfach machen können."*

- **Finanzberatung**
  - » *„Wenn ich das vor 10 Jahren gewusst hätte, wäre mein Depot heute doppelt so groß."*

- **Lerntraining / Nachhilfe**
  - » *„Wenn die Eltern vieler Kinder mit schlechten Schulnoten diese Methode früher gekannt hätten, dann würde es nicht so viele Schulabbrecher geben."*

- **Grillexperten**
  - » *„Wenn ich doch nur wüsste, wie ich meinen Grill rasch und einfach reinigen könnte!"*

Sie sehen also: Es gibt eine unglaubliche Vielfalt von Hook-Formeln und Hooks – unter uns gesagt, sogar noch sehr viel mehr als in diesem Buch angeführt. Doch ich will Sie dabei unterstützen, rasch und einfach großartige Hooks zu formulieren und Sie möglichst nicht mit einem Zuviel an Varianten zu verwirren (und hoffe, dass ich das nicht schon getan habe).

Wie Sie vermutlich bereits beim Lesen der Hooks bemerkt haben, lassen sich viele dieser Varianten und Formeln auch sehr gut kombinieren, bei manchen lässt sich diese Kombination auch gar nicht vermeiden. Vermutlich gab es beim Lesen bereits Varianten, die Sie unmittelbar angesprochen haben und zu denen Ihnen gleich Beispiele für Ihre Videos eingefallen sind.

Nutzen Sie diese für Ihre Videos, aber werfen Sie auch immer wieder einen Blick auf alle anderen Formeln, damit die Anfänge Ihrer Videos abwechslungsreich bleiben. Natürlich können Sie – abgesehen von den hier angeführten Hook-Formeln – Ihre Videos auch ganz anders beginnen.

So hat Online-Marketing-Agenturbetreiberin Jasmin Schierer (alias #Hashtagchefin) ein sehr erfolgreiches Video zum Thema LinkedIn mit den Worten „Lasst uns heute sprechen über ... mmmmh ... LinkedIn" eingeleitet, wobei mehrere Social-Media-Plattformen eingeblendet wurden und sie dann auf LinkedIn zeigte.

Bleiben Sie kreativ und experimentieren Sie auch immer wieder mit ganz anderen Anfängen herum.

CALL-TO-ACTION (CTA)

Abschließend kommen wir nun noch zu den Handlungsaufforderungen (im Marketing üblicherweise als „Call-to-Action" oder „CTA" bezeichnet), mit denen Sie Ihre Videos (zumindest einen Teil dieser) abschließen können, um das zu erreichen, was Sie in Bezug auf Ihre Videos erreichen wollen. Wie schon im ersten Teil in dem Abschnitt über Ihre Zielsetzung bezüglich Ihrer Social-Media-Aktivitäten mit Kurzvideos besprochen, sollte das natürlich möglichst klar definiert sein.

Folgende Calls-to-Action sind verbreitet und könnten daher auch von Ihnen (in diesen oder ähnlichen Formulierungen) verwendet werden. Ich habe diese in der persönlichen Ansprache formuliert (die auf Social Media verbreitet ist und die ich bei meinen Posts auch nutze). Natürlich sind sie ebenso in der Sie-Form einsetzbar. Die folgenden Beispiele für CTAs sind auf Social-Media-Kanäle abgestimmt. Bei Blogs, Webseiten oder bezahlter Werbung auf anderen Medien gibt es natürlich auch noch andere, zusätzliche Varianten.

Um Ihre Calls-to-Action zu unterstreichen bzw. zu verstärken, können Sie diese auch noch als Text im Video platzieren, in den Begleittext (die Caption) schreiben oder auch als Kommentar (zusätzlich) verfassen.

Video liken

Geliked wird etwas, das jemandem gefällt, relativ leicht und rasch. Liken ist das Einstiegslevel, was die Interaktion mit Ihrer Community betrifft. Handlungsaufforderungen dafür könnten zum Beispiel sein:

- *„Hat dir dieser Beitrag gefallen? Dann fände ich es toll, wenn du ihm einen Like spendest!"*
- *„Interessanter Inhalt? Liken! Jetzt!"*
- *„Übrigens ... dein Like sagt mir, dass ich mehr solcher Beiträge produzieren soll!"*
- *„Wenn du mir zustimmst, hinterlasse deinen Like!"*

Sie können diese (und auch manche andere CTAs) noch unterstreichen, indem Sie beim Sprechen mit der Hand, einem Finger oder auch einem Stift dorthin deuten, wo der Zuseher seinen Like abgeben soll (je nach Social-Media-Plattform ist das Herz oder der Daumen an unterschiedlichen Stellen). Alternativ können Sie auch einen Pfeil ins Video einbauen, der dorthin zeigt.

Video kommentieren

Jemanden dazu zu veranlassen, einen Kommentar zu posten, ist schon schwieriger als ein Video nur zu liken. Gleichzeitig (so zeigt meine Erfahrung) wird es aus dem Grund vom Algorithmus auch stärker gewichtet. Das bedeutet, ein Kommentar sollte für die Performance deines Videos mehr bringen als nur ein Like, wenngleich die User, die kommentieren, vermutlich meistens auch liken. Es zeigt sich auch, dass auf manchen Kanälen eher und mehr kommentiert wird als auf anderen. Auf TikTok ist es zum Beispiel relativ leicht, Kommentare zu erhalten (wenngleich die Kommentarfreudigkeit in den letzten Monaten bereits deutlich nachgelassen hat) als auf Instagram, wo dieselben Videos fast gar nicht kommentiert werden.

So oder so ähnlich können Sie diese CTAs formulieren:

- „Wie siehst du das? Schreibe es in den Kommentar!"
- „Wenn du da ganz anderer Meinung bist, hinterlasse einen Kommentar!"
- „Du findest das ebenso seltsam wie ich? Schreibe JA in den Kommentar!"
- „Welche Variante würdest du wählen? A oder B? Schreib es in den Kommentar!"

Video teilen

Menschen dazu zu bringen, eines deiner Videos zu teilen, ist eine der schwierigsten Herausforderungen in diesem Zusammenhang. Gleichzeitig profitiert die Performance deines Videos enorm, wenn es geteilt wird.

Geteilt werden Beiträge von Menschen ganz automatisch, wenn

- sie das Video toll finden,
- die Botschaft, hinter der sie ebenso stehen, verbreiten wollen und
- selbst in ihrer Community besser dastehen und glänzen, wenn sie so interessanten oder lustigen Content teilen.

Der schwierigste Teil daran ist also, ein Video zu produzieren, das eines dieser Kriterien erfüllt. Der CTA unterstützt das noch zusätzlich, schafft das aber nicht im Alleingang, wenn das Video nicht gut genug ist.

- *„Hast du Freunde, die das auch interessieren würde? Lasse es sie wissen und teile das Video!"*
- *„Das sollten alle wissen? Dann hilf mir, es zu teilen!"*
- *„… und wenn du meinst, das interessiert deine Freunde auch … warum nicht teilen?"*
- *„Wenn du solche Videos teilst, haben andere auch etwas davon."*
- *„Wenn du willst, dass andere erfahren, was du hier entdeckt hast, dann teile den Beitrag."*

Profil / Seite besuchen

Oft ist es uns gar nicht so bewusst, dass die meisten Betrachter unserer Videos diese im Stream sehen und niemals auf unserer Seite bzw. unserem Profil landen.

Doch genau dorthin wollen wir Sie auch bringen, um ihnen noch viel mehr von unseren spannenden Videos zu zeigen. Und genau das können wir mit einer Handlungsaufforderung unterstützen.

- *„Besuche meine Seite / mein Profil und entdecke mehr!"*
- *„Hier geht es zu meiner Seite – besuche mich jetzt!"*

Und wenn der Besucher schon einmal auf Ihrem Kanal ist, dann kann er diesen doch auch gleich abonnieren, was uns zum nächsten CTA bringt.

Kanal abonnieren

Es kommt zwar auch auf den Algorithmus des jeweiligen Mediums an, ob Ihre Videos bevorzugt Abonnenten gezeigt werden (wie auf Instagram) oder diese rein nach thematischen Kriterien ausgespielt werden (wie auf TikTok). Das bedeutet, eine große Anzahl von Abonnenten bedeutet nicht immer und unbedingt, dass die Reichweiten Ihrer Videos auch sehr hoch sind. Dennoch würde ich behaupten, dass mehr von den richtigen, den passenden Followern aus Ihrer Zielgruppe von Vorteil sind. Daher können Sie auch immer wieder einen CTA verwenden, der dazu auffordert, Ihren Kanal zu abonnieren.

- *„Wenn du mehr solcher Tipps sehen willst, dann abonniere jetzt meinen / diesen Kanal!"*
- *„Für mehr tägliche Tipps folge mir jetzt!"*
- *„Du findest das spannend? Jetzt Kanal abonnieren!"*
- *„... übrigens ... hast du den Kanal bereits abonniert? Nein!? Dann unbedingt jetzt gleich nachholen!"*
- *„Abonniere jetzt diesen Kanal und du bekommst laufend mehr mindestens ebenso hilfreiche Tipps!"*

Person taggen

Die Aufforderung, jemanden, eine Freundin oder einen Freund zu taggen (markieren) wird eher selten genutzt, was sie möglicherweise gerade deshalb interessant macht. Ganz nach dem Motto „Mal etwas anderes".

- *„Tagge einen Freund / eine Freundin, der / dem dieses Video auch gefallen könnte."*
- *„Markiere einen Freund, für den du sehr dankbar bist!"*
- *„Tagge die Person, die das unbedingt wissen sollte!"*
- *„Wer bedeutet dir sehr viel? Tagge diese Person?"*

Auf externen Link klicken

Wenn die Betrachter Ihrer Videos etwas tun sollen, das die oben angeführten Möglichkeiten übersteigt, muss sich die Handlungsaufforderung gezwungenermaßen auf außerhalb des Mediums beziehen. Oft wird das Ihre Website oder ein Store sein.

- „Klicke jetzt auf den Link im Kommentar und hole dir das kostenlose E-Book.“
- „Alle Informationen zu diesem Thema findest du in meinem Buch unter diesem Link hier!“ (ggfs. im Video auf den Link zeigen)
- „Link klicken und Termin vereinbaren.“
- „Hole dir das Buch jetzt unter diesem Link.“
- „Sichere dir jetzt deinen Platz im Seminar.“
- „Jetzt gratis ausprobieren.“
- „Klicke hier und abonniere jetzt meinen Newsletter für die besten Tipps.“
- „Klicke hier und mach den Selbsttest.“
- „Mitspielen und gewinnen? Hier klicken!“

Wie Sie sehen, wird es bei dieser Variante oft um kostenlose Downloads, Bücher, Seminare oder Erstgespräche gehen. Auch direkter Produktverkauf über einen Link ist denkbar.

- „Hole dir das Produkt am besten gleich … solange der Vorrat reicht.“
- „Link klicken, jetzt bestellen und morgen schon genießen.“

Manche Kanäle (Instagram, TikTok) sind sehr zurückhaltend, was das Verlinken deiner Videos und Beiträge nach außen (zum Beispiel auf Ihre Website) angeht. Nur ein einzelner Link aus der Biografie ist erlaubt. Daher muss auf diesen verwiesen werden, wenn vom Betrachter ein Link nach außen geklickt werden soll.

- *„Wenn du mehr erfahren willst, dann klick jetzt auf den Link in der Bio."*
- *„Das kostenlose E-Book findest du unter dem Link in der Bio."*
- *„Link im Profil klicken und kostenlosen Ersttermin reservieren."*
- *„Entdecke mehr dazu über den Link in der Bio!"*

Und wenn Sie vermeiden wollen, dass immer schlauer werdende Algorithmen, die nicht wollen, dass Sie die User von der Plattform über einen externen Link weglotsen, Ihre Reichweite reduzieren (angeblich soll das bisweilen so sein) können Sie diesen CTA auch noch diskreter formulieren und dabei die Worte „Link" (oder auch „Bio") vermeiden.

- *„Wenn du mehr erfahren willst, dann hole dir die Info oben."* (zum Beispiel bei Instagram, wo die Bio „oben" sein kann)
- *„Das kostenlose E-Book findest du auf meinem Profil."*

Ob das tatsächlich wichtig ist – daran habe ich meine Zweifel.

Nach Ideen und Themen fragen

Fordern Sie Ihre Zuseher auf, Ihnen Vorschläge und Ideen zu liefern, welche Videos Sie produzieren sollen und welche Themen Sie ganz generell interessieren, die mit dem Thema Ihres Kanals im Zusammenhang stehen. Damit erhalten Sie neue Ideen für Kurzvideos, auf die Sie vielleicht selbst gar nicht gekommen wären.

- *„Zu welchem Thema soll ich ein Video machen? Schreibe es in den Kommentar."*
- *„Wenn du Fragen hast, auf die du eine Antwort willst, schreibe sie in den Kommentar."*
- *„Welche Themen beschäftigen dich in diesem Zusammenhang? Schreibe sie in den Kommentar."*
- *„Welche Ideen hast du noch zu dem Thema im Video. Schreibe sie in den Kommentar."*

Fragen, die mit einem einfachen „Ja" oder „Nein" zu beantworten sind, senken die Hemmschwelle für etwaige Antworten. Sie machen es so Ihren Kontakten leichter, diese zu beantworten.

Ungewöhnliche Calls-to-Action

Der Fantasie sind auch bei Handlungsaufforderungen kaum Grenzen gesetzt. Ein paar ungewöhnlichere Ideen für deine Kanäle.

- *„Nimm ein kurzes Video als Antwort auf und poste es hier als Kommentar."*
- *„Markiere mich in einem Video, das du als Kommentar auf mein Video aufnimmst und in deinem Kanal postest."*
- *„Teile das Video nur mit den 3 Personen, von denen du weißt, dass diese das genau jetzt brauchen."*
- *„Mache ein Foto von dir und dem Produkt X (das, was Sie promoten wollen) vor der wichtigsten lokalen Sehenswürdigkeit an deinem Wohnort und teile es im Kommentar."*
- *„Vollende den Satz „Am liebsten verwende ich X ...." im Kommentar."*

Sie sehen schon. Die Möglichkeiten sind fast grenzenlos. Bei aller Kreativität sollten Sie dabei aber auch bedenken, dass es umso unwahrscheinlicher wird, dass die Betrachter Ihrer Videos der Handlungsaufforderung Folge leisten, je komplizierter zu verstehen und umzusetzen diese ist. Daher empfehle ich, die Devise „Keep it simple" zu beherzigen.

Damit haben wir nun auch den letzten wichtigen Bestandteil Ihrer Videos – den CTA – besprochen und abgeschlossen. Sie brauchen dafür fast keine eigene Kreativität, sondern können viele der angeführten Formulierungen 1:1 verwenden.

DIE NÄCHSTEN SCHRITTE

Wir sind am Ende dieses Buches angelangt und – so Sie es komplett durchgelesen haben (in welcher Reihenfolge auch immer) – sollten Sie inzwischen eine Menge Ideen für Ihre Kurzvideos gesammelt und hoffentlich auch notiert haben. Jetzt ist es wichtig, keine Zeit verstreichen zu lassen und zügig in die Umsetzung zu kommen.

Wie ich bereits an anderer Stelle habe anklingen lassen, ist es viel besser, unperfekt zu starten als gar nicht. Ein unperfektes Video, das Sie online stellen, wird definitiv mehr Reichweite und Likes erhalten als ein vielleicht sehr viel besseres, das aber nicht online ist. Kein langes Zögern also, sondern machen lautet die Devise.

Was sind Ihre nächsten Schritte:

1. Sehen Sie Ihre Notizen durch oder, sollten Sie keine gemacht haben, gehen Sie die einzelnen Ideenkapitel nochmal eines nach dem anderen durch und halten Sie Ideen für Serien (wichtig!), die Sie dazu haben, schriftlich fest.

2. Wählen Sie die Serien-Idee aus, die Ihnen am besten, am ergiebigsten, am erfolgversprechendsten bzw. auch am einfachsten umsetzbar erscheint.

3. Denken Sie darüber nach, welche Themen Sie innerhalb dieser Serie behandeln können (das sind dann die einzelnen Videos) und sammeln Sie zumindest 10 solcher Ideen.

4. Legen Sie ein geeignetes Format für die Serie (Monolog, Dialog etc.) und einen passenden Rahmen fest (Details können Sie in den entsprechenden Kapiteln nochmals nachschlagen).

5. Skripten Sie die einzelnen Folgen Ihrer Serie komplett durch – vorausgesetzt, es wird darin gesprochen.

6. Kreieren Sie zu jeder Folge einen passenden Hook mithilfe der Hook-Formeln in diesem Buch.

7. Fügen Sie bei jeder Folge am Ende einen geeigneten Call-to-Action hinzu.

8. Nehmen Sie das Rohmaterial auf (alles auf einmal).

9. Bearbeiten Sie die Rohfassungen nach und machen Sie die finalen Videos daraus.

10. Laden Sie die Videos hoch und posten Sie diese auf Ihren Social-Media-Plattformen.

Das ist es auch schon – zugegeben in etwas komprimierter und vereinfachter Form (die Langversion dazu ist das Buch). Auf die Gefahr hin, mich zu wiederholen: Das Wichtigste an diesem Punkt ist, mit der Umsetzung zu beginnen. Sie werden – so Sie nicht ohnehin schon Erfahrung haben – Fehler machen. Das verspreche ich Ihnen. Doch daran führt kein Weg vorbei – zumindest nicht an allen. Ein paar davon konnte ich Ihnen – da bin ich sicher – mit diesem Buch ersparen. Die Restlichen müssen Sie selbst machen. Und wenn Sie sie ohnehin machen müssen, um daraus zu lernen und besser zu werden, dann ist es vernünftiger, diese gleich jetzt zu machen.

Doch Fehler hin oder her. Allein durch die Tatsache, dass Sie erste Kurzvideos online stellen, unterscheidet Sie von all denen – und das sind die meisten, vermutlich auch in Ihrer Branche – die das noch nicht haben. Und so sind Sie den anderen bereits einen großen Schritt voraus.

Ich wünsche Ihnen viel Erfolg dabei!

Ihr

Rezension

Hat Ihnen das Buch gefallen? Konnten Sie die eine oder andere Idee daraus mitnehmen? Konnte ich Sie ein wenig motivieren, loszulegen? – Ich würde mich sehr freuen, wenn Sie mir eine kurze Rezension auf Amazon oder der Buchplattform Ihrer Wahl hinterlassen. Vielen herzlichen Dank!

ÜBER DEN AUTOR

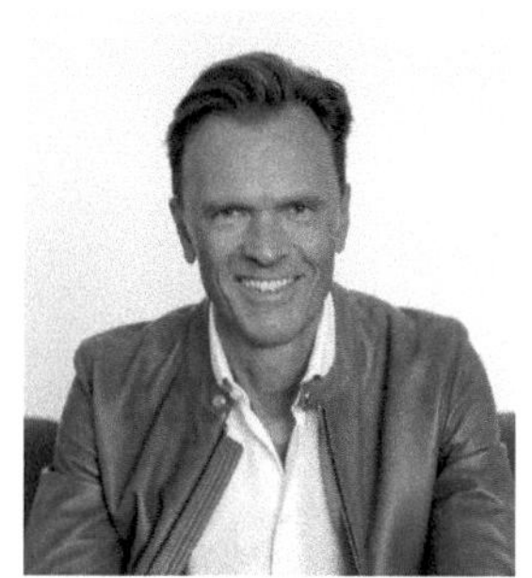

Marketing- und Vertriebsexperte Roman Kmenta ist seit mehr als 30 Jahren als Unternehmer, Keynote-Speaker und Bestsellerautor international tätig. Der Betriebswirt und Serienunternehmer stellt seine langjährige, internationale Marketing- und Verkaufserfahrung im B2B- wie B2C-Bereich heute über 100 Top-Unternehmen sowie vielen Kleinunternehmen und Einzelunternehmern in Deutschland, der Schweiz und Österreich zur Verfügung.

Mehr als 100.000 Menschen lesen seinen wöchentlichen Blog, hören seinen Podcast oder konsumieren seine Social-Media-Inhalte. Mit seinen Vorträgen gibt er Verkäufern, Führungskräften und Unternehmern Denkanstöße zum Thema „profitables Wachstum" und setzt bei seinen Zuhörern und Lesern Impulse in Richtung eines wertorientierten Verkaufs- und Marketingansatzes.

www.romankmenta.com

BEGRIFFSERKLÄRUNG / GLOSSAR

Nachfolgend finden Sie in alphabetischer Reihenfolge die wichtigsten Fachausdrücke, die ich im Buch verwendete habe, kurz erklärt.

Anteasern / Teaser

Anteasern bezeichnet das kurze Anreißen eines Themas mit ein paar wenigen Worten oder Sätzen (ein Teaser) mit dem Ziel, das Interesse der Leser zu wecken und diese dazu zu bringen, weiterzulesen.

B2B / B2C

B2B steht für Business-to-Business und bezeichnet Geschäfte, bei denen ein Unternehmen an ein anderes Unternehmen verkauft. Im Rahmen von B2C, Business-to-Consumer-Geschäften, verkauft ein Unternehmen an Privatpersonen.

Bio(grafie)

Die Bio (kurz für Biografie) ist eine kurze Beschreibung oder Zusammenfassung einer Person oder eines Unternehmens auf Social Media. Die Bio wird normalerweise auf der Profilseite angezeigt und enthält Informationen über die Person, ihre Interessen, ihren Beruf oder andere relevante Details.

Blog

Ein Blog ist ein meist in Textform gehaltenes Onlinejournal, das Beiträge und Artikel aller Art und zu allen Themen enthalten kann.

Call-to-Action (CTA)

Ein Call-to-Action ist eine Aufforderung oder Bitte an die Zuschauer eines Videos, eine bestimmte Aktion durchzuführen. Das kann beispielsweise darin bestehen, einen Beitrag zu teilen, einen Kommentar zu hinterlassen, einem Kanal zu folgen oder einen Link anzuklicken, um weitere Informationen zu erhalten. Der CTA erfolgt meist mit einer Aufforderung oder Frage im Video selbst oder auch in der Caption / Videobeschreibung.

Caption / Videobeschreibung

Eine Caption ist der Text oder die Beschreibung, die einem Bild oder Video auf Social Media hinzugefügt wird. Captions können dazu verwendet werden, den Inhalt des Beitrags zu erklären, zusätzliche Informationen zu liefern, Humor einzufügen oder Fragen zu stellen, um die Interaktion mit den Followern anzuregen.

ChatGPT

ChatGPT ist ein KI-basiertes (künstliche Intelligenz) Chatbot-Modell, das auf der GPT (Generative Pre-trained Transformer)-Architektur von OpenAI basiert. ChatGPT ist darauf spezialisiert, mit Benutzern in natürlicher Sprache zu interagieren und Antworten auf verschiedene Fragen oder Anfragen zu generieren. Es kann in Chat-Anwendungen, Kundensupport oder als Unterstützung in verschiedenen Kommunikationskontexten eingesetzt werden. ChatGPT basiert auf umfangreichen Trainingsdaten und kann aufgrund seines maschinellen Lernens kontextbezogene und relevante Antworten liefern.

Click-Through-Rate (CTR)

Die Click-Through-Rate (CTR) – übersetzt Klickrate – steht auch in Verbindung zur Conversion -Rate. Sie gibt an, welcher Prozentsatz der Menschen, die dein Posting zu sehen bekommen, auch tatsächlich auf den angebotenen Link klickt.

Content

Mit Content werden im Online-Marketing digitale Inhalte aller Art für Social-Media-Posts, Blogbeiträge, Podcasts, Videos etc. bezeichnet. Diese können in den unterschiedlichsten medialen Formen – als Text, als Bild, in Form von Videos oder auch als Tonaufnahmen – aufbereitet sein.

Conversion

Conversion bezeichnet das Voranschreiten von einer Phase des Marketing- bzw. Verkaufsprozesses in die nächste. So „convertieren" Besucher einer Webseite etwa zu Newsletter-Abonnenten, wenn die sich für diesen registrieren. Interessenten, die ein Kaufanbot annehmen, sind nicht länger nur Interessenten – sie werden (convertieren) zu Kunden.

Conversion-Rate

Die Conversion-Rate ist die in Prozenten ausgedrückte Umwandlungsrate, bei der ein Verkaufs- bzw. Marketingprozess in den nächsten wechselt. Wenn aus 100 Angeboten 50 kaufende Kunden entstehen, dann beträgt die Conversion-Rate 50 %.

Creator

Ein Creator ist eine Person, die auf Social Media Inhalte erstellt und teilt. Ein Creator kann Videos, Bilder, Texte oder andere Formen von Content produzieren und dabei eine Anhängerschaft oder Fangemeinde aufbauen. Creatoren haben oft eine spezifische Nische oder ein Themengebiet, auf das sie sich spezialisieren.

Doubles

Doubles sind Benutzer auf Social Media, die versuchen, bestimmten Persönlichkeiten oder Charakteren ähnlich zu sehen und deren Videos oder Bilder nachzustellen oder zu imitieren. Diese Doubles setzen Make-up, Kostüme und Gestik ein, um dem Original möglichst ähnlich zu sein und ihre Ähnlichkeit zu präsentieren.

Duett

Das Duett ist eine TikTok-Kurzvideo-Funktion: Beim Duett werden Videos gleichzeitig nebeneinander oder Bild-in-Bild abgespielt.

Freebie

Freebie ist ein umgangssprachlicher Ausdruck im Online-Marketing, der ein Gratisangebot, meist in digitaler Form (ein E-Book, eine Checkliste, einen Minikurs etc.) bezeichnet.

Hashtag

Ein Hashtag ist ein Schlagwort oder eine Phrase, die mit einem # (Rautezeichen) markiert wird, um Inhalte auf Social Media zu kategorisieren. Benutzer können Beiträge zu einem bestimmten Thema finden und sich damit verbinden. Hashtags erhöhen die Sichtbarkeit von Inhalten und werden auch für gezielte Kampagnen genutzt.

Hook

Ein Hook ist ein fesselnder oder einprägsamer Anfang eines Kurzvideos, der die Aufmerksamkeit der Zuschauer sofort auf sich zieht. Ein Hook wird verwendet, um das Interesse der Zuschauer zu wecken und sie dazu zu bringen, das gesamte Video anzusehen.

Influencer

Influencer sind Meinungsmacher, die vor allem online und auf Social Media viele Kontakte (oft 100.000 oder gar Millionen) haben. Influencer mit kleinen, aber dafür oft thematisch sehr fokussierten und interaktiven Fangemeinden (ca. 1.000 oder mehr) werden oft als Micro-Influencer bezeichnet.

Klickrate

Die Klickrate ist eine spezielle Form der Conversion Rate. Sie ist die Maßzahl für den Prozentsatz von Betrachtern einer digitalen Botschaft, die diese anklicken und so bekunden, dass sie im Verkaufs- oder Marketingprozess vorangehen wollen.

Key-Performance-Indikator (KPI)

KPIs sind besonders wichtige Kennzahlen für das Social-Media-Marketing (oder aber auch für andere Bereiche im Business). Sie geben Aufschluss darüber, wie gut die Performance der Postings ist. Beispiele sind: Coversion-Rate, Engagement, Click-Through-Rate, Follower, Reichweite etc.

Leadgenerierung

Die Leadgenerierung ist der Prozess, bei dem potenzielle Kunden, auch Leads genannt, identifiziert und Interessen an einem Produkt, einer Dienstleistung oder einer Marke geweckt werden. Ziel der Leadgenerierung ist es, relevante Informationen von potenziellen Kunden zu sammeln, um diese für Marketing- und Vertriebsaktivitäten zu nutzen. Dies kann beispielsweise durch das Bereitstellen von hochwertigem Content, das Angebot von kostenlosen Ressourcen, das Durchführen von Gewinnspielen oder das Erfassen von Kontaktdaten über Formulare oder Anmeldungen erfolgen. Die generierten Leads können dann gezielt angesprochen werden, um sie in zahlende Kunden umzuwandeln und den Umsatz zu steigern.

Likes

Likes sind Zustimmungserklärungen zu einem digitalen Inhalt – meist in den sozialen Medien.

Liste

Die Liste ist eine Adressliste, die für die Aussendung von Newslettern (und anderen E-Mails) genutzt werden kann.

Personal Brand

Eine Personal Brand kann man auf Deutsch auch als Personenmarke bezeichnen. Anders als bei einer normalen Marke, bei der ein Produkt oder ein Unternehmen im Vordergrund steht, steht bei einer Personal Brand ein Mensch im Vordergrund. Berühmte Personal Brands sind z. B. Jamie Oliver, Richard Branson oder Elon Musk.

Podcast

Ein Podcast ist ein aufgenommener Beitrag im Audioformat. Diese Beiträge können von Hörern auf bestimmten Plattformen (wie z. B. iTunes) abgerufen und angehört oder auch abonniert werden.

Post

Ein Post ist ein Beitrag als Text, Bild oder (Kurz-)Video in sozialen Medien wie Facebook, Instagram, LinkedIn etc.

Reel

Ein Reel ist ein Feature auf Instagram, das es Benutzern ermöglicht, kurze Videos mit einer maximalen Dauer von 15 bis 30 Sekunden zu erstellen und zu teilen. Reels sind oft mit Musik, Effekten und Bearbeitungswerkzeugen versehen und bieten eine unterhaltsame Möglichkeit, kreative Inhalte zu erstellen.

Reichweite

Die Reichweite bezeichnet die Anzahl von Lesern, Sehern oder Hörern, die eine Nachricht (ein Blogbeitrag, eine Podcastfolge, ein Video) sehen bzw. hören können. Es wird zwischen der potenziellen Reichweite (den möglichen Sehern oder Hörern) oder auch der tatsächlichen Reichweite (jene, die den Beitrag wahrgenommen haben) unterschieden.

Remix

Ein Remix ist eine Kurzvideo-Funktion auf Instagram. Der Remix ist gleichzusetzen mit der Duett-Funktion auf TikTok. (siehe Duett)

Repost

Reposten ist eine Aktion, bei der Benutzer auf Social-Media-Plattformen den Inhalt eines anderen Benutzers teilen, indem sie ihn erneut veröffentlichen. Beim Reposten wird der ursprüngliche Beitrag des anderen Benutzers inklusive dessen Inhalt, Bildern oder Videos auf dem eigenen Profil geteilt. Dies ermöglicht es den Benutzern, interessante, inspirierende oder unterhaltsame Inhalte von anderen zu verbreiten und mit ihrer eigenen Community zu teilen. Reposts können dazu dienen, den ursprünglichen Beitrag des Autors weiter zu verbreiten, dessen Inhalte zu unterstützen oder zu kommentieren, oder einfach nur, um den eigenen Followern interessante Inhalte zu bieten.

Share

Ein Share bezeichnet im Online-Marketing (im Normalfall auf Social Media) einen Inhalt, der durch andere Nutzer in deren eigenen Netzwerken weiterverteilt wird.

Short

Shorts sind ein Feature auf YouTube, das es Benutzern ermöglicht, kurze Videos mit einer maximalen Dauer von 60 Sekunden zu erstellen und hochzuladen. Shorts sind ähnlich wie TikTok-Videos aufgebaut und bieten eine schnelle und unterhaltsame Möglichkeit, Inhalte auf YouTube zu teilen. Der Begriff Shorts wird fallweise auch auf anderen Plattformen als Bezeichnung für kurze Videos verwendet.

Skripten

Als Skripten bezeichnet man den Prozess des Schreibens oder Planens von Inhalten für Kurzvideos auf Social Media. Beim Skripten werden Ideen, Szenen, Dialoge oder Handlungsabläufe für das Video vorbereitet, um eine klare Struktur oder Botschaft zu vermitteln.

Stitches

Stitches entstehen aus einer Funktion auf TikTok, bei der Benutzer auf ein vorhandenes Video reagieren können, indem sie einen Teil des Videos auswählen und in ihrem eigenen Video verwenden. Stitches ermöglichen es den Benutzern, auf spezifische Szenen, Kommentare oder Aktionen in den Videos anderer Benutzer zu reagieren und ihre eigene Interpretation oder Reaktion hinzuzufügen. Dabei können Creatoren Abschnitte aus den Videos anderer TikTok-Nutzer editieren und in das eigene Video zu integrieren. Sie werden also abwechselnd nacheinander eingeblendet.

Stories

Stories sind ein Feature auf verschiedenen Plattformen wie Instagram, Snapchat und Facebook, das es Benutzern ermöglicht, kurze Videos oder Bilder mit einer Dauer von 15 Sekunden bis zu 1 Minute zu teilen. Die Inhalte in Stories verschwinden normalerweise nach 24 Stunden und bieten eine Möglichkeit, aktuelle Momente und Ereignisse mit Freunden und Followern zu teilen. Die Status-Funktion auf WhatsApp funktioniert auf dieselbe Art und Weise.

Taggen

Taggen ist der Vorgang, bei dem Benutzer auf Social-Media-Plattformen andere Benutzer in ihren Beiträgen markieren, indem sie das @-Symbol gefolgt von einem Benutzernamen verwenden. Das Taggen ermöglicht es, die Aufmerksamkeit der markierten Person auf den Beitrag zu lenken oder eine Verbindung zu ihr herzustellen.

V-LOG

V-LOG (VLOG) ist die Kurzform für Video-Log und bezieht sich auf eine Form des Content-Erstellens, bei der Personen ihre Erlebnisse, Gedanken oder Aktivitäten in Form von Videos dokumentieren und teilen. V-LOGs werden häufig auf Plattformen wie YouTube hochgeladen und bieten einen persönlichen Einblick in das Leben des Erstellers. Sie können verschiedene Themen wie Reisen, Lifestyle, Hobbys oder Meinungen abdecken und sind oft in einem informellen und unterhaltsamen Stil gehalten.

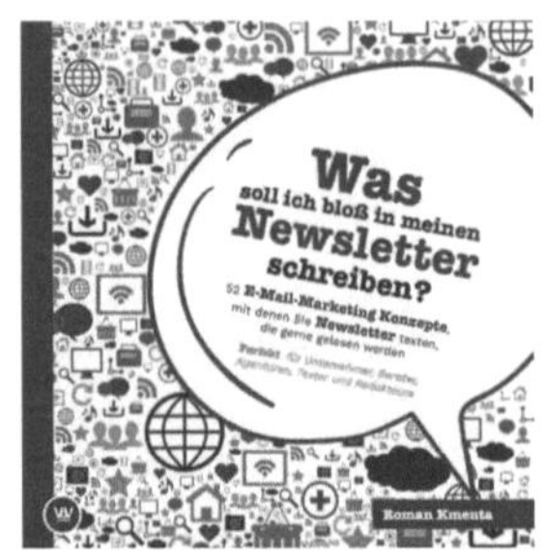

Newsletter schreiben leicht gemacht

Ein regelmäßiger Newsletter ist eine gute Sache, um Kundenbeziehungen zu halten und zu vertiefen. Wöchentlich wäre gut. Doch dabei stellt sich unweigerlich die Frage: „Was soll ich bloß in meinen Newsletter schreiben?" Um Woche für Woche einen Newsletter zu verschicken, der von den Empfängern auch geöffnet und gelesen wird, braucht man ein gutes Konzept und eine Menge kreativer Ideen. Beides finden Sie in diesem Buch.

Dieses Buch enthält

- die Grundlagen für Ihr Newsletter-Marketing,
- Antworten auf alle wesentlichen Fragen, wenn Sie Ihren Newsletter starten wollen,
- erprobte Strategien, wie Sie mit wenig Aufwand guten Content produzieren,
- Tipps und Tricks, mit denen Sie sich das Newsletter verfassen leichter machen,
- eine umfangreiche Liste von Ideen, wie Sie Ihren Newsletter nennen können, wenn er nicht „Newsletter" heißen soll,
- 52 erprobte Konzepte, die Sie einfach für Ihren Newsletter übernehmen können und als Bonus (zum Download)
- über 100 Formeln und Beispiele für Betreffzeilen und Titel für Ihre Newsletter-Beiträge, die die Leser zum Klicken und Weiterlesen veranlassen.

Dieses Buch liefert Ihnen die Grundlagen, mit denen Sie Ihren Newsletter sofort starten können und sorgt dafür, dass Ihnen niemals die Ideen für Inhalte ausgehen, die gerne gelesen werden.

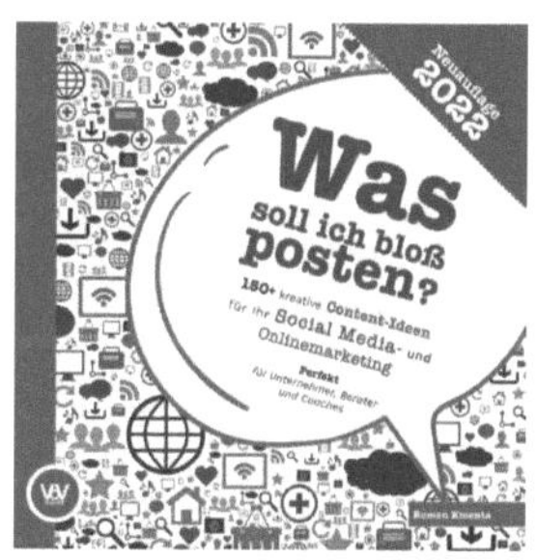

Eine Schatztruhe voller Ideen für Sichtbarkeit und Reichweite

„Was soll ich bloß posten?" – Diese Frage stellen sich Unternehmer und Unternehmen, die Content-Marketing betreiben, immer wieder? Um mehrere Social-Media-Kanäle professionell zu bespielen, braucht es eine Menge interessanter, informativer oder auch humorvoller Inhalte. Einmal pro Woche etwas zu posten, reicht schon lange nicht mehr. Selbst einmal pro Tag ist auf manchen Kanälen zu wenig. Daher finden Sie in diesem Buch über 150 Ideen und Strategien für Ihr Online-Kanäle.

Dieses Buch enthält

- die Grundlagen für Ihre Content-Marketing-Strategie,
- die Vorlage für einen Redaktionsplan für Ihre Online-Kanäle,
- erprobte Strategien, wie Sie mit weniger Aufwand mehr Content produzieren,
- eine kompakte Übersicht, wie Sie Ihre Inhalte medial aufbereiten,
- eine Fülle von Ideen für humorvolle Beiträge und Posts,
- funktionierende Strategien für mehr Sichtbarkeit und Reichweite.

Mit diesem Buch werden Sie sich nie mehr fragen müssen, was Sie posten sollen.

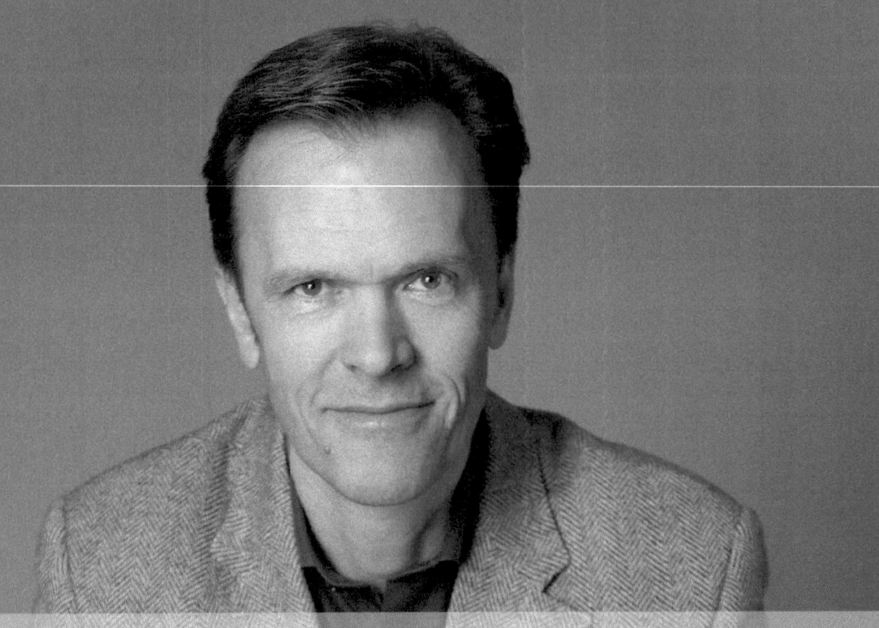

MEHR ERTRAG IM VERTRIEB
Richtig strategisch positionieren
Höhere Preise durchsetzen
Weniger Nachlässe geben
Wert-voller verkaufen
Neukundengewinnung
Umsätze steigern
Deckungsbeiträge und Erträge steigern
Sind das Ihre Themen? - Kontaktieren Sie mich.
service@romankmenta.com / www.romankmenta.com